个人新商业

张丹茹 / 著

中国友谊出版公司

个人新商业：和我一起，创造新商业世界

第五本书交稿之后，我整个人松了一口气。

我的想法是接下来我要停止写书了，好好沉淀自己，好好拼搏事业，带领更多的学员披荆斩棘，开辟人生新天地。

写书很耗费精气神，因为需要把过去自己学到、做到的用比较系统的方式，做一次整体的输出。

比起这个，更难的是，我还没找到自己接下来写书的方向。

我做事的风格是，如果没有状态，那就先停一停。

停一停，不意味着完全放弃，而是在心中种下一颗种子，静待它的开花和结果。每一朵花自有它的花期。

2021年国庆节，我们整个团队提前两天放假，我们一家人提前一天回家。

在回家的高速公路上，我突然有了一个写书的灵感：我正

在做的事情，最开始也许可以用副业赚钱来定义，但发展到现在，绝不仅仅是副业赚钱，那太狭隘了。

我从 2008 年进入互联网行业，2015 年开始在线上打造个人品牌，2019 年成立公司。

我的头脑当中突然蹦出了一个全新的关键词，这个关键词叫作"个人新商业"。

简单来讲，就是每个人都可以通过新商业的模式去创业，拥有自己热爱的事业。

如果要定义想到这个词的时刻，我想定义它为顿悟时刻。

我很兴奋，马上给我的编辑亚丁发了条微信，简单表达了我的想法。他回复我：听起来很不错！

要知道这不是我第一次跟他讨论我的第六本书的灵感了，之前的想法都被他否决了，我没有坚持，因为自己也没有真正心动。

这一次他说不错，而且确实是自己内心渴望要写的新书的方向。所以我认定，就是它了。

因此，这本书的灵感是在高速公路上诞生的，大纲也是在高速公路上写完的。

在写这本书的大纲和样章的过程中，我再一次体会到一个人做自己喜欢的事情真的不会累，这种不会累，不是身体不会累，而是即便身体有些许的疲惫，精神也是亢奋的。

我已经许久没有体会过这种感觉了。

这几年的我其实还是很幸运的，大部分的时间都是做着自己热爱的事情，而且能够影响到很多人，也不断地在为这个社会贡献自己的价值，更常常在做这些事情的过程当中体验心流。而写这本书时所体验的巨大的心流是和此前不一样的。

我相信我的这种状态一定能通过这本书传递给你。

这一次，我在每章内容的结尾处都加上了两部分内容，分别是读完每章内容之后你最有收获的1～3个点，以及受该章内容的启发，你的1～3个行动计划。

在过去，我的许多本书中的文章结尾处都是通过我自己的角度直接写好了总结，让读者能够对我的书有更多的总结性思考。而这一次，我在每一章的最后做了提问，留给读者来回答和书写，也就是说，你和我是这本书的共同完成者。

我希望每一位读者在读完这本书之后，都可以很骄傲地告诉别人，这本书上也有属于自己的思想、文字和行动计划。

亲爱的读者朋友，我想对你们说，我和你们每一个人都是这本书的作者。我也期待你们可以把这本书分享给更多的朋友，让你们的朋友也和我们一起，成为这本书的作者。

感谢那一天在高速公路上把车开得很稳的刘先生，还有三年级小学生刘多多。

感谢我的团队，感谢价值变现课堂和轻创圈所有的合伙人，感谢我的价值变现私董会的成员们，特别感谢私董晴山，给了我很多灵感和好建议，爱你。

因为有你们，才有了现在的我，爱你们。

目 录

第一章　新商业蓝图篇

第二章　新商业内容篇

第三章 新商业产品矩阵篇

第四章 新商业产品传播篇

第五章　新商业产品成交篇

第六章　新商业产品交付篇

第一章

新 商 业 蓝 图 篇

第 一 节

新商业认知：如何抓住商业红利

我 23 岁大学毕业，今年 36 岁，到现在为止，已经工作了 13 年的时间。在这 13 年的时间里，我拿到了人生的四个红利。

我想先和你分享前面三个红利，这三个红利分别是：

第一个是行业的红利。2008 年毕业即失业，误打误撞进入互联网行业。

虽然当时行业基础月薪只有 2000 元，但是这个行业真的极具潜力。当然，那个时候的我完全没有想到互联网会是一个非常有价值的行业。

第二个是关系的红利。在毕业的第三年，我和刘先生结婚了。

我们俩的感情一直很好，我是清醒的姑娘，他是懂我的男人，一份稳定的关系是一段美好人生的标配，更是事业的超级助推器，这对任何人都是一样的。

第三个是房产的红利。

我们现在有数套房子，其中深圳的两套房子正在走拆迁流程。

稍微描述一下这一段经历的细节，相信对大家会有启发。

我们买每一套房都非常高效率。第一套房和第二套房我看都没有看过，刘先生就买了下来。尤其是第二套房，买完半年之后我才有机会看房。当然不是不能看，是因为自己懒，一直没有去看。

那一次是因为租客要退租以及有新租客要租这套房子，于是我们去看看房子有没有再装修的需要。

我们现在住的房子，是我们四套房里面买之前看得最多的一套，加起来一共看了两次。

也顺带说说我们每一次买房的资金情况吧。买第一套房的时候，我们手上的现金是足够付首付的，但是第二套房首付款的 80% 都是借的，第三套房首付款的 10% 的钱也是借的（第三套首付比较多，所以借的也不算少）。

我们之所以敢借钱买房，是相信自己的眼光和赚钱的能力。

正是这种富人思维，让我们拿到了房产的红利。

怎么样区分富人思维和穷人思维？

就拿借钱这件事情来看，如果借钱是为了消费，而且也从不考虑自己的偿还能力，那一定是有穷人思维的人。

刘先生有过无数次借钱给别人的经历，至今还有一些人没还钱。

我们总结了一下，那些借钱真诚、还钱爽快的人，人生状态是越来越好的；那些借钱时信誓旦旦、还钱时推推拖拖的人，人生状态好不到哪里去。

有富人思维的人借钱是为了赚钱，且对自己在一定时间内能够把自己借到的钱还回去有足够的信心，所以才去借钱。

就拿我们借钱买房来说，我们借钱投资了房产之后，有了更大的动力去赚更多的钱，房子升值了，借的钱也还清了。

下一次再遇到投资房产的机会，我们有很大的信心继续这样做。

经验不是纸上谈兵而来，而是实践而来，也是花钱买教训得来。

当然并不是鼓吹大家去借钱，借了钱之后我们把钱花在了哪些地方才是重点，当然得对自己的行为有非常大的把握。

这个世界上别人永远拿不走的是我们掌握的能力，这些能力会成为我们披荆斩棘的武器。

如果没有足够的钱，那就花时间去努力学习掌握尽可能多的技能。

看到这里，会有人认为我人生当中拿到的最大红利肯定是房产红利。虽然我们家的资产占比最大的就是房产，但是，我不会把它划为我人生当中的最大红利。那么究竟什么是我人生当中最大的红利呢？

那就是第四个红利：打造个人品牌的红利。

你会想到这个答案吗？

虽说通过打造个人品牌为我所积累的资产比不上房产，但是，在我看来，它的意义更加深远。我是一个长期主义者，从长期角度出发，打造个人品牌不只是我个人最大的红利，也一定会是在看这本书的每一个人最大的红利。

真真正正成功打造出个人品牌的人，无论他是要更换定位，还是要更换行业或是调整自己的产品，一定会比完全没有个人品牌的人更快、更容易出成绩。

打造个人品牌是一个非常大的概念。事实上，这个概念出现之后，它也在不断被完善，被重新定义。

其实，不只是打造个人品牌这一种红利，由于时代快速发展，每个人一生当中都会有很多红利，但有的时候我们根本就没有识别红利的思维，或者是有识别红利的思维，但不具备足够的行动力。

那么究竟如何才能够找到商业红利呢？

一、识别趋势

这个世界大概只有很少的人能够看懂趋势。

为什么我要把识别趋势放在第一的位置呢？因为我想要告诉你，如果想要赚到大钱，光凭自己的能力是完全不够的，只有在风口上才能够真正飞起来。

所以首先要认可趋势的重要性，如果你不认可趋势的重要性，我们接下来的分享就完全不重要了。

你可以建立一份趋势清单，把你观察到但又看不明白的商业机会都一一记录进去。

二、去观察行业头部正在做什么

一定要看行业头部人群在干什么，而不是听他们在说什么。

在 2017 年，我被人问到公众号的红利期是不是已经过去了，我反问对方："你为什么会问我这个问题？"

因为他在他喜欢的行业头部的公众号里看到对方说公众号的红利期已经过去了，而且还在朋友圈宣传，一定要学习如何做抖音。

我笑着问他："那你是在哪里看到这些消息的？"

对方回答说："在公众号和朋友圈。"

我说，那他为什么不去抖音上教大家怎么做抖音呢？

这个时候对方才恍然大悟。

千万不要听别人说了什么，而是要看对方做了什么。

我引用这段话不是想说微信很重要，抖音不重要，事实上，这两个平台都很重要。

微信是私域生态圈，主要用来培养信任和成交；抖音是公域流量池，主要用来引流和扩大影响力。两者结合能最大化打造个人品牌。

三、加入相关的圈子

大部分时候，光靠观察头部你是看不出所以然的，如果随随便便就被你看明白了，那他还能成为头部吗？

所以更加重要的是，加入你所欣赏的榜样的圈子，如果经济实力允许的情况下，加入对方最高级的圈子。

有个跟我名字相同的私董 Angie 颖，她是北大光华管理学院毕业的超级学霸。我多次邀请她加入我的私董会，但她一直都拒绝我。直到有一天，她跟我的另一位私董舒眉聊天，舒眉跟她说了这么一句话："加入 Angie 老师的圈子，你会比很多普通人更快知道这个圈子在干什么，你还能够联系到 Angie 老师吸引来的一大批优秀的人。"

然后，Angie 颖果断加入了我们的私董会。我的第一反应是很开心，自己的圈子得到肯定。因为我希望自己搭建的是一个高能量圈子，而不只是以我个人为中心的组织。

四、行动力很重要

行动力真的很重要，那些有成就的人一定是行动力很强的人。当然行动力强不一定是指自己亲自去做，也可以是搭建团队，带领大家一起行动起来。

无论如何一定要行动起来，懂得了很多却依然不行动，任何红利都不会轮到你。

五、保持开放的心态

有一段时间，我对自己有一个这样的要求，当看到一种新商业模式出现时，如果我的内心是拒绝的，我就要反思，而且要把拒绝的心态转换成主动研究的心态。

只有这样，你的人生和商业才能够上一个新台阶。

在这个时代，光靠个人努力取得巨大成功是很难的，一定要抓住趋势才能够走得更远。一定要有完全空杯又开放的心态，才能够更加适应这个瞬息万变的时代。

六、出现标品

标品是什么意思？

比如书就是标品，每一本书的定价大概就是在两位数范围里，有一定的标准。但是像知识教育课程的价格，就完全没有标准，你可以在课程里加上服务，加上资源，加上能够为用户带来价值的任意产品，这样你的课程产品定价就上去了。

当一件事情完全没有标准流程、标准定价时，它就是有红利的。

如果你发现某个行业的一切都非常规范了，那就意味着这个行业的红利期已经完全过去了。

识别趋势　观察商业大咖在做什么　加入相关圈子　Just Do it 行动力很重要　保持开放的心态　出现标品

◆ 抓住商业红利

本节内容，我希望你能反复多看几遍。如果你看懂了，接下来红利再出现时，你一眼就能看得出来。如果你看不懂，我建议你过一段时间要重新再来看这节，直到你能够抓住人生的第一个红利。

新商业动机：找到终生做事业的内在驱动力

在最开始打造个人品牌的时候，我的目标很简单，格局也很小，我就是想在自己的主业之外，去找到人生的一种新的可能性，以及增加一份收入。

那个时候自己并不年轻了，但思想比较稚嫩，完全没有想过要为他人、为社会甚至为世界去贡献出自己的一份力量。

所以那个阶段做的事情也都是小打小闹，有一搭没一搭地去做。

庆幸的是，虽然我当时没有想明白自己的使命，但内心一直有一股力量鼓舞着自己，誓要通过活出自我去影响更多的人，可能这也算是一份创业的初心吧。

我非常享受大家听到我的故事后，受我影响做出改变的决定的故事。

也因为这份简单的初心，小打小闹的事业也坚持了下来。

直到创业的第三年，其实还谈不上创业，就是经营自己的个人品牌的第三年，我才开始把重心放在帮助更多的人这件事情上。

直到创业的第五年，我才对外宣称我的人生使命是终生做教育。

比起那些天赋异禀的、从开始创业时就知道自己的人生使命的创业者，我真的觉悟得有点晚。

后来我也常常遇到有些学员跟我说："Angie 老师，我非常欣赏你有自己的终生使命，但是我在这件事情上感受不强，我仿佛就只想做好自己手头上的事情，并且赚到钱。"

我并没有站在当下的阶段去跟对方说："你一定要像我一样有人生使命。"反而是很理解对方的状态，当然，我也会跟他分享：千万不要放弃寻找自己的人生使命。

我之所以能理解对方，是因为我有过被自己喜欢的榜样理解的那种感受，真的特别好。

这也是我身上的一大亮点，我在教育行业已经走过六个年头了，但我任何时刻都能够以"小白"的角度去看待我的学员们正在遭遇的经历，同理心非常强。

接下来和大家分享一下我找到自己的人生使命所经历过的四个阶段：

第一个阶段：懵懂阶段。

在这个阶段，基本什么都不懂，别说没有自己的人生使命了，连人生使命是什么意思都不知道。其实在这个阶段，最重要的是把经手的每一件事情都做好，也就是积累自己的综合实力。

第二个阶段：觉醒阶段。

开始隐隐约约觉得活出自己很重要，帮助他人也很重要，所以有了改变的想法。

这个阶段更加关注的是自己能不能做出改变，根本想不到如何改变他人。

我觉得只为自己考虑也没有什么错，如果自己都没法改变，何谈改变他人。

第三个阶段：混沌阶段。

觉醒之后如果我们事事只想着自己，一定会遇到瓶颈，所以会经历一个比较混沌的阶段。

不同于懵懂阶段的自己，混沌阶段的我们已经有了觉醒，但由于遭遇到一些冲突和碰撞，所以会出现左右摇摆的状态，也慢慢意识到商业的价值更多的是利他。如果只是为自己变好，那很难做到利他。

第四个阶段：升华阶段。

在这个阶段，你真的想清楚了自己的人生使命，而且还敢于对外公布自己的人生使命是什么。在一直不断地强调和重复过程当中，你越来越清楚自己的人生使命，越来越坚定自己的想法。

当然，有一些天赋异禀的人可能直接就到了第四个阶段，但是我不行，我真的是一步一个脚印走过来的。

所以，当你发现自己找不到人生使命的时候，不要着急，我们都是普通人，一步一步踏实地走完这些路，我相信基础会更加牢固。

其实阶段和阶段之间没法很清晰地区分清楚，所以你可以对号入座，也可以借此提炼出属于你自己的阶段。

当你清楚自己处在哪个阶段后，你的内在驱动力是完全不一样的。

举个例子，我计划主办一场百人的线下活动，同时另外一场活动邀请我去做分享嘉宾，而且出场费还不错。

你猜我会做何选择？

当然，如果能协商的情况下，两者都要拿下。但假设情况就是那么极端，时间重合，两者只能选择其一，我一定会优先选择第一种。

因为对我主办的活动来说，我是主角，对我受邀去参加的活动来说，我是其中一个嘉宾。

我常常会在线下课中问大家：今天谁最没有理由不来到这个现场？

答案是：我！

为什么我最没有理由不来到现场，因为我来到这个现场，不是只为了我自己，是为了大家。

所以，你应该明白，很多时候人生的使命不是你想要什么，而是别人需要你做什么。

接下来我要给大家分享一句话：找到你的人生动机。

当你做一件事情坚持不下去的时候，你可以从以下四个维度来找到自己的人生动机：

· 自己的维度。
· 他人的维度。
· 行业的维度。
· 社会的维度。

不断地寻找、拉高你的人生动机，你就能坚持做一件事情。

我来举个例子，以便你能更好地理解。

比如我在前面讲到的，我要举办一场百人的活动，那什么样的动机会让我为这场活动倾注我所有的能量，做百分之百的准备呢？

第一层，自己的动机。

我可能会这么想，既然已经收到这 100 个人的课程费用了，我的本职工作就是要做好交付，这个就是最底层的动机。

第二层，他人的动机。

我相信每一个来参加这场线下活动的人，都有一颗想要改变的心，那么我的分享一定会让他们受益匪浅。

想到这里，是不是动力加强了一些？

第三层，行业的动机。

也许来听我这一场分享的人也是创业者，所创办的企业遇到了一些大的问题，想要转型，想要增加新商业的模式进去。他不是只为了自己的改变，听完我这一场的分享之后，他的改变也意味着整个公司甚至是他所在行业的改变。

而我这么做，同时对我现在所在的这个行业也是有影响的，可以供跟我做相同事业的人参考和借鉴，这样他们也增加了一种新的服务客户的方式。

从这个角度出发，我是不是会更用心地去设计整场活动的相关细节？我会要求自己不但要做好课程内容，还把体验感也做好。

第四层，社会的动机。

每个人是他自己又不仅仅是他自己，他的背后可能是一个公司甚至是一个行业。同时，他也是一个家庭中非常重要的成员，所以他不只代表着事业，也代表着家庭。

我们知道，女性在一个家庭中是非常重要的角色，如果我今天的分享让一位女性彻底觉醒了，她会不会影响到她的整个家庭进而影响到她的整个家族呢？

你好了，世界就一定会好。

这里有很多可以展开的空间，比如说，常常会有人说"谈钱伤感情，我不好意思谈钱"。

但是我想要告诉你，商业是最大的慈善。

赚到更多的钱之后，你可以投资自己，回报公司和家庭，更可以回报整个社会。

2021 年，郑州水灾的时候，我不单自己捐款，还带动了很多的学员一起捐款。2019 年，我们为山区捐钱建了图书馆。

公益不分大小，任何人都可以为这个社会贡献出自己的一份力量。

从这个角度出发，你的动力会更足一些。

找到你的人生动机，你就会发现做事的动力越来越足。

就像我写这本书，如果从版税收入的角度出发，我一点写作的动力都没有，但如果从有人看了我的书会做出改变这个角度出发，我的动力十足。

很多时候，我都想逼自己一把，让自己找到经营人生、经营事业更实用的智慧，持续为喜欢我的读者、用户提供帮助，我相信我是一直在成长的，我希望你们也是如此。

第 三 节

团队内核：如何搭建团队

　　个人新商业模式最大的亮点是，一个独立的个体就能顶替得上公司里的一个小团队，营收数据甚至能够超过一家小型公司。

　　每每想到这里，我就特别感谢互联网新时代，如果不是蓬勃发展的新时代，这一切都不可能实现。

　　我们常说，创业就是找人、找钱、找方向。

　　对应到新商业个体，找人方面确实是大家不擅长的，很多个体在职场上打拼多年，仍没有掌握找人和管人的能力。

　　传统的创业模式中，找钱是找投资自己创业的人或者机构，但对于新商业个体来说，我们并不需要投资者。因为我们是依托互联网进行零成本创业，最大的投入是在自己个人能力提升上的投入。这部分的投入，即便对不创业的人也是非常有用的。

我遇到很多个体在联系我们进行变现之前，已经在学习上有大量的投入和沉淀了，所以这本应该是一项正常的投入。

找方向对传统的创业模式来说，是指要找到非常好的创业方向；对新商业个体来说，我们有一个概念叫作"小步试错"。

因为成本低、人员少，所以我们试错之后可以很快速地调整自己打造个人品牌的方向。

所以我才说这是最好的时代，因为人人都有机会借助这个时代去实现阶层的跃升。

我见过非常多创业失败的例子，有一些是刚开始创业的时候就大批量招人，然后租非常大又非常好的办公室，这样即便是拿到了投资，也会因为成本实在太高完全没有办法支撑下去，只能草草收场。

这篇文章会重点讲个人新商业模式如何一步一步搭建团队。

第一个阶段：单打独斗阶段。

在这个阶段，个体开始觉醒，进行大量学习，意识到打造个人品牌的重要性，开始梳理自己过往的经验，尝试变现。

这个阶段的特点是一个人单打独斗，可以加入一些高能量的圈子和一群人一起成长。

我在这个阶段的时候，是用两个个人微信号进行同步操作，一个是我本人，另一个是助理号，但事实上也是我在操作。

我的第一门课是"时间管理特训营"。开营之后我会从群里面挑一些想要跟我深度交流和自我成长的志愿者，一起来管理这个社群，但是我没有固定的助理。

对比他人来说，我还是比较快地进入第二个阶段的。我的大部分学员在这个阶段里面用了比较长的时间，只有少数起步比较快的学员会快速进入第二个阶段。我个人的建议是，如果你的个人品牌营收每个月能够稳定在五位数，就可以果断地去请助理，这样你可以有更多的时间去专注更核心的事情。

第二个阶段：两人作战团队。

我的两人作战团队维持了比较久的时间，从 2016 年到 2019 年初，团队由我和我的助理组成。

事实上，我一共有三个助理，但每个助理都是兼职，如果按照全职助理的工作量来看，相当于只有一个全职助理。

在这个阶段，我建议大家在能找到全职助理的情况下，一定要找一个全职助理，如果找不到，尽量找两到三个兼职助理，可以互相配合。

第三个阶段：十人以内作战团队。

2019 年 6 月，我们开始在深圳租办公室，我的团队成员中全职员工仍然占少数。

有别于第二个阶段时大家没有明确的分工，更多的是互相配合做事，本阶段助理会有分工。

以个人新商业作为商业模式背景，以我们现阶段四个员工为例子，我来告诉大家我们是怎么分工的。

第一个员工，主要负责跟我配合，磨合时期比较久，而且相对也比较全能。

她会在各个方面协助我，我也常常会培养她独立接项目的能力，将她作为我的副手。对外的身份会定义为课程总监，如果能力更强，可以定义为联合创始人。

第二个员工，工作重心在配合第一个员工上，跟踪和服务客户的成交情况，像是第一个员工的副手。

第三个员工，是我的贴身助理，工作内容是帮我处理日常的事务，比如帮我运营我的个人微信号，以及我个人品牌形象的维护，在各大平台以文字、图片、视频的形式去呈现。

第四个员工，最重要的工作任务是帮我管理和运营整个社群，基本上大部分课程的社群运营官都由她来管理，对外的身份是首席运营官。

第四个阶段：互联网新时代，用新商业模式进行撬动，所有人都有机会成为我们团队的一员。

我在创业之后还没有管理超过十人的团队的经验，我的习惯是不分享自己做不到的。所以针对第四个阶段，我只能把我自己目前正在使用的管理团队成员的方式分享给大家。

2021 年底，我们起盘了一个全新的项目轻创圈，以带领大家共同创业为目标。

有别于我以往的项目重心都是在打造个人品牌上，这个项目是为了调动想要创业的人一起躬身入局，成为轻创圈平台的团队成员。

举个例子，我们在很多城市有城市合伙人，其工作重心是管理好当地的所有活动，我也会协助城市合伙人一起做好变现通路。

我们有顾问团，顾问团会成立赋能小组，推动更多的合伙人行动起来，拿到个人品牌和轻创圈共创的成果。

我们有创业老师团，在这个平台上，不是只有我一位导师，还有多个领域的老师。我在设置导师岗位的时候，制定了一个规则：每一个导师岗位，只能有一位老师入驻。

轻创圈的每一位参与者都要躬身入局，同时也要打造自己的个人品牌，我们会成为参与者背后的那股力量，让参与者有所依靠。

所以说，只要参与者是轻创圈平台的一员，就是平台的合伙人。

这是一种新型运作方式，大家既是我们的学员，同时也是我们团队中的一员。

我们也做了一个决定：我们全职的核心员工会尽量控制在十人以内，远程协作或者是轻创圈的合伙人数量则无上限。

以上是我所经历的四个阶段，我把这四个阶段分享给很多的学员，也帮助过不少学员按照这四个阶段成功搭建起团队。

那么在做团队搭建的时候，需要注意些什么呢？

第一，全职的核心员工的个人微信号全部要归公司管理。

因为任何人都有可能离职，如果一开始不公司化运作这些账号的话，等到员工离职的时候你会非常被动。

第二，全能型员工和负责单一岗位的员工数量比例最好是1：9，甚至可以到1：100。

什么意思呢？意思是只有少数员工才有机会熟悉各个岗位，成为一个全能型的员工。如果这个全能型的员工因为已经完全锻炼出自己的能力，想要离职，而你不赞同，就可以以投资入股、流量入股的方式和这位员工进行商业上的合作。

我曾经犯过一个错，认为员工离职就是一种背叛，但是冷静下来，以成熟心态去思考，我发现，以共赢的方式去处理这件事情效果会更好。

当然，这要在双方都有意愿的情况下才能够往下推进。

第三，团队成员要同时参与团队的项目运作。

在创业早期，我更多的是培养团队成员掌握对应的能力，这个阶段需要投入大量的时间去进行培训，可以不谈死工资，但是一定要给予充分的关注、流量还有身份认可，以结果为导向，可以按照其所负责的项目产出的结果，以项目奖金的形式来计算报酬。

第四，如果在团队成员中遇到适合加入公司的人选，要么就将其培养成比较核心的协作伙伴，要么在双方达成一致的情况下邀请其成为团队的合伙人。

第五，如果是这种全职又非隶属关系的团队协作的运作方式，一定要有开放的办公地点。所选的办公地点适用于全职员工工作，并设置开放日，方便全国各地的合伙人从外地过来聚会和办公。

如果一些核心用户没有租办公室，平台可以把自己的办公室给他们用。

具体如何使用，给大家一个这样的思路。

我们可以在公司安排一间专门的流动办公室，这个流动的办公室可以开放给一些核心用户使用。以古月为例子，她来到深圳，想要有一个会见客户的场地，就可以来我的公司。

我会给她准备一个带有她名牌的办公室。这个名牌其实是可更换的，如果另外一个核心用户有使用办公室的需要，把名牌进行更换即可。

当然，我们也可以给为平台做出贡献的合伙人录指纹以便其进出公司，相对比普通的用户，他可以在非开放日来办公室办公。

这一切都是以参与项目的深浅程度和贡献的大小作为评判标准的。

第六，既然是个人新商业，最大的优势是互相之间不用见面，我们可以通过远程的形式更好地推进工作。

而且，在一些福利上可以有比较多的选择，比如我们公司每一年的假期都会比一般公司长很多，例如国庆节会提前放假，春节假期会在 20 天以上。

以上分享给大家的是一种非常新颖的团队管理方式，虽然它并不适用于每一个公司，但是我认为，任何个人都可以尝试将这种方式作为管理团队的一个思路。期待每一位看到这本书的读者，都能够实现公司人效最大化。

什么是人效？就是公司的营业额除以公司人数所产生的业绩。

按照这个计算方式，我们公司的人效会超过这个世界上大部分的公司。并不是说我们的营业额有多高，而是我们用最小的投入加上新的商业模式实现了收益最大化。

◆ 新商业模式的团队

多赢局面：新商业是一起把蛋糕做大

在写下这个标题的时候，我内心的感受是，其实不单是新商业，所有的商业都是一起把蛋糕做大。

拿微信这个 App 来举例子。微信 App 实现了多赢的效果，它打破了聊天需要收费的局面，吸引了越来越多的人来到这个平台一起创业。

有人的地方就一定有商业，微信无疑是当下打造个体新商业最有价值的生态圈。

回观创业以来，我最常被问到的一类问题是：你教出来的学生跟你做一样的事情，你不怕对方跟你抢市场吗？

问我这类问题的人一部分是我的学员，他们对我的教学行为产生了疑惑，另一部分是和我一样做教育的同行，担心自己的学员抢自己的市场。

因为被问得多了，我很认真思考过这个问题，答案是：我不怕。商业并不是越做越小的，商业一定是一群想把一件事情做好的人，齐心协力把这块蛋糕越做越大。

在我看来，商业这块蛋糕是一定能够通过我们的共同努力越做越大的。

而且，一件事如果做的人越来越多，市场会越来越大，如果做的人越来越少，市场反而会消失。

承接上面提到的商业竞争问题，还有排名第二的问题是因为我们主营教育产品，如何看待有人直接拿着我的内容到处分享。

时常会有学员告诉我，在朋友圈看到有人分享我的内容但并没有备注出处。一开始我也很介意，会马上去联系对方让他把内容删掉，或者是备注出处。后来我再收到这样的消息就没有再去联系对方了。但是在我的课程上和其他公开场合，我都会强调，每个人都要尊重版权，因为一套课程被研发出来，确实不容易。

我听过很多人对这个问题的回答，他们说："我不怕你拿去分享，因为我更新迭代很快，而且你分享了我的内容也拿不走精髓、灵魂，因为你不可能和我有相同的经历。"

我非常赞同这样的说法，但同时我也有一些不同的想法，在这里分享给你。

在我看来，如果我分享的内容你听了之后有收获，把它进行再一次传播，只要是能帮到别人，我不能说自己非常乐意，但我不介意。我甚至把我的所有内容都给了我的价值变现私董，私董们可以拿着我的任何内容去广泛传播。

当然，我也要在这里强调，从版权的角度出发，把自己喜欢的老师的心血拿来进行分享，这样确实侵犯了知识产权。

我相信大部分分享我的内容的人并没有什么恶意，只是不具备版权意识。

我这里也借这篇文章告诉大家，你可以把老师分享的内容结合自己的知识体系进行一些升级和更新后再进行分享，那是非常棒的行为。

同时我鼓励大家一定要边思考边学习，学习完之后一定要行动起来。

另外，我们还做过这样一件在行业里引发了大家模仿、借鉴的事情。我的价值变现课堂推出过这么一套课，叫作"副业赚钱 / 时间管理金牌导师授权班"。因为有太多的学生听了我的课程之后，觉得课程内容实在是好，会忍不住进行分享，我们干脆把 PPT、逐字稿还有整个音频都完全开放给报名参加这个课程的学员。

有学员问我们，为什么会愿意做这么一件事情？

我们是这样考虑这个问题的，希望大家学到这套知识之后可以去传承，甚至是超越我们的课程。其实还是文章开头提到的理念，蛋糕是一起做大的。

每个人为自己热爱的事业奉献出自己的一份力量，社会一定会因为我们的存在而变得更加美好。

疫情其实也是个人新商业的一个分水岭。疫情期间，全民都在探索如何足不出户通过线上的方式去经营自己的商业、扩大自己的事业。我的第二本书《副业赚钱》，就是在 2020 年销量突破 10 万，成为超级畅销书的。

很多人会以为，疫情这种黑天鹅事件只会带来灾难。

有危必有机，这一年也产生了很多新事物、新行业。

就拿直播为例子。在此之前，我一年做直播的次数大概只有一次，虽然我已经意识到了直播的重要性，但总会对自己说，等一等，再等一等。而 2020 年这一年，因为无法展开线下活动，我们把注意力更多放在了线上，这一年，我做了无数场直播。

这几年，产生了很多由直播带动的新商业模式。

谈到直播，我们一般都会和带货联系在一起。事实上，直播可以跟所有的行业进行完美融合。

直播是人、货、场最好的呈现形式。

就拿我正在从事的线上教育行业来说，我有一项价值变现私董会的高端会员服务，单价高达六位数。最开始做直播的时候，我完全没有想过要在直播的过程当中去销售这项服务。

常常有用户在互动的过程当中问我价值变现私董会是什么，我会在和用户互动的过程中去分享一些细节。没有想到，仅仅通过这种直播分享和展示，居然吸引了不少学员直接加入价值变现私董会，创造了七位数的营收。

这简直太不可思议了，如果不是真实发生了，我都不相信。

我还常常会被问到的第三类问题是：无论是分享、讲课，还是服务学员，要不要做到百分之百的付出，需不需要有保留？

这里先讲个故事。我有个学生L，她在刚认识我的时候，认为自己花大价钱学到的方法，一定要自己偷偷用，一点都不要分享给别人。在她和我深入交流之后，全面升级了思维认知：越分享才会越富足。

往往是在分享的过程中，我们对知识的理解才会更加透彻，而且帮助用户解决问题，会让我们将过往学习到的内容融会贯通。

我在服务学员的时候只有一个标准：只要是学员问的问题，我都会毫无保留地回答，除非我不知道。

我这么做的原因有两个：

第一，我相信我的分享确确实实能够给对方带来触动，以及帮助到对方。

第二，我一直都拥有空杯心态，只有我倒空了，才会更虚心地去填满自己，这也是我能常年保持学习习惯的一个非常重要的原因。

每一次觉得学习很苦的时候，我就会告诉自己，我学到的内容不单是我自己能用，还可以分享给千千万万的人。

只要一这么想，我学习的动力就瞬间提高了，所以你们会看见我出现在你们面前的大部分时刻状态还不错。

我知道问出这个问题的人有两个担心：

一是，分享的太多了，用户是不是就不会进一步购买了。

二是，怕自己被掏空。

我也有过类似的担心，但我更坚信，越是真诚的分享越能够吸引到跟自己同频的人。

当然，当用户提出的问题涉及我的课程或者是我的咨询可以帮助到的，我也会明确告诉他，更深度的交流是在课程或者是咨询服务里。

往往是分享到位了，当你告诉对方自己有相关的服务时，对方的接纳程度才会比较高。

因为一个真正想要蜕变的人，绝不仅仅只需要知识，还需要有行动力，更需要有一群人跟自己一起坚持。在遇到问题的时候，有一个老师可以随时进行沟通，那是最棒的事情。

我们只管做好前面的分享，后续可以根据用户的需求设计出相对应的收费产品。

看到这篇文章的你如果也希望这个市场的蛋糕是越做越大的，请一定要尊重那些愿意把自己的看家本领分享出来的老师，这样，这个新商业市场才能够正常运行下去。

我们每个个体能做的是尽自己的能力去帮助他人，形成多赢的商业局面，最后这个世界才会变得更好。

亲爱的读者，读完本章内容后，你最有收获的 1 ～ 3 个点
是什么？

第一点收获：

第二点收获：

第三点收获：

受本章内容的启发，请写下属于你的 1 ～ 3 个行动计划。

第一个行动计划：

第二个行动计划：

第三个行动计划：

第二章

新 商 业 内 容 篇

第 一 节

一个心法，拥有源源不断的内容输出

有一次参加线上教育行业的大佬饭局，结束后我和一位同住罗湖的老师一起回家。在回家路上，他问了我一个问题："你认为自己这些年在内容上成长最快的原因是什么？"

猝不及防地被问到这个问题，我认真想了一下才回答他：因为我一直在边学边教。

我有不少学习上的困惑，是在教的过程中想明白的，越教就越清晰。

我是圈子里公认的输出能力很强的老师。这一章一共有五节，后四节都是各种干货的分享，但是这一节是我想在分享干货之前，给你介绍一个非常重要的输出心法，那就是：教是最好的学。

教是最好的学，包含了三个维度。

第一个维度：只有不断地学，你才有教的储备量。

当你张口无话可说的时候，除了表达能力的问题，还有一点是知识储备量的问题。

第二个维度：光学不分享，你是没有办法对所学的知识有深刻的理解和吸收的。

有超过 80% 的人对学习的认知是"我学了就好了"，事实上，学只是开始，分享才能让所学的知识融会贯通。

第三个维度：分享是体现吸收效果最好的一种方式。

我们常说"要过有结果的人生"，不分享就无交流，只有交流才会产生价值和结果。

究竟该怎么做？

◆ 教是最好的学

第一步，记笔记。

如果你连记都记不住，不可能教得出去。

我有一个雷打不动的习惯，就是随时随地都会做记录，比如跟他人聊天，如果当场不方便记录，离开聊天的环境之后我做的第一件事情一定是记录。

如果对方不介意的话，我会当场拿出手机做记录。

一般情况下，只要我们礼貌地提出请求，对方都是会答应的，人人都喜欢爱学习的人。

你有没有过这样的情况，就是你听过一段非常棒的话，很喜欢，但是当想要跟别人说这段话的时候，却怎么也想不起来。

这种情况在我身上很难出现，因为如果我很喜欢，我一定会记笔记。

常常会有学员私聊问我："Angie 老师，你分享过的那句金句的原话是什么？"

既然当时那么喜欢，为什么不记下来呢？

我建议你专门为我这本书去建立一份笔记，把对你有帮助的方法、步骤通通都记录进去。

第二步，思考。

光是记住知识是没有意义的，你还需要进行思考。

如果不经过大脑的加工和思考，没法很清晰地把你想要分享的内容表达出来。

我的习惯是在记录一些要点时，如果刚好有灵感出现，就在旁边直接写上自己的灵感。

有一次我去参加一个三天收费数万块钱的课程，在上到第二天的时候，老师分享了一个授课的模型。

我当场就有了要开发一门新课的灵感，于是快速地把我头脑当中的灵感呈现到笔记本上。

我在第一步讲到了记笔记的重要性，笔记也包含我们的灵感。

一闪而过的灵感是很容易忘记的，所以一定要当场把它记下来。

除了这种学习到的知识，在头脑当中闪现的一些灵感，我还会通过问自己问题的方式去引导自己思考。

比如说，当我看到一个知识点的时候，我会问自己一个这样的问题：这个点，如果讲解给我的学生听，我要怎么讲？有没有可以跟以前的知识或者例子进行结合的地方？

然后会快速地把这些想法写下来。

被动的思考不够，还需要主动的思考，这样才能够让自己的思路更加宽广，灵感更加丰沛。

其实这也是在提高我们大脑的使用效率。

第三步，尽快找到教学的场景。

我常常会在我的私董会群和轻创圈合伙人群里面给大家"加餐"，内容是我新学到的一些方法，以最短的时间教给大家。

前面讲到了，我会记笔记，会把自己的思考记下来。除此之外，我还有一个习惯分享给你们。我常常会到各种各样的场合去做分享，比如说，我自己的线下沙龙、某个商学院的课程、其他人的平台或者我自己的社群。在做分享的时候，我一定会把这两天新学到的知识点和自己的思考内容翻出来看一看，然后问自己：我最近新学到的知识，有没有可以跟我马上要分享的主题进行结合的地方？

有一次，我受邀到比亚迪公司作为嘉宾参加一个访谈节目，就在上场之前，我重新把笔记翻出来看一看，找出跟当下要分享的主题进行结合的内容，结果当天所分享的内容就特别新颖，也很受大家喜欢。

这个方法会让我把学到的知识进行最快速的应用，效果真的特别好。

有读者经常会问我一些问题，比如他们想学习英语或者想考研，他们会问有没有必要学英语或者是考研。

其实这是没有标准答案的，但有个思路我要分享给你：你要思考一下，你所学到的知识在你的日常生活或者工作当中能不能用到？如果用不到，那就暂时别学了。

天下之大，需要你学习的内容太多了，为什么还要选当下用不上甚至是一辈子都用不上的内容去学呢？

我的建议是，一定是去学自己很快就能用得上的内容。

第四步，当你将自己的知识分享出去之后，一般都会有一些新的灵感，这个时候可以把这些新的灵感记录下来。

分享，其实意味着我们把知识运用到了实践中，这个时候会很容易产生灵感。

有一次我在讲个人品牌过程中，突然想到了一个比喻。

因为就在那天下午，我带了我们家大宝去学游泳，所以我就拿学游泳这件事打比。其实打造个人品牌，就很像是，我是大家的游泳教练，如果你想要学会游泳，光是在岸边看我教你是学不会的，你需要跳进游泳池。而且我也明确告诉你，你跳进游泳池之后，按照我教你的方法去游泳，还是一定会呛到水。

这就像是你按照我的方法去打造个人品牌，还是一定会遇到问题。

无论是你在游泳当中呛到水，还是在打造个人品牌过程当中遇到问题，其实都没有关系，这个阶段最重要的是不放弃，继续往前走。

我是在教课的过程当中突然产生这个灵感的，我自己很兴奋，讲完之后又快速把游泳理论和个人品牌理论相结合，并写入我的笔记本里。

经过这样一个反复教反复练的过程，这个理论已经深深地印在我和学员的脑海里了。

第五步，输出之前，把笔记再看一遍。

比如我要写书，或者我要出一门新课，我会把最近一两个月新学到的内容重新翻一遍，看一看，来唤醒自己的记忆，从而找到更多写出好作品的灵感。而且，我也会通过输入对应主题关键词的方式，把以前的一些笔记调出来看一看。

我知道，很多人都有做知识整理的习惯，但是拥有做知识整理习惯的这些人里，只有不到 20% 的人会把自己整理过的知识反复拿出来学习和实践。

你是属于 20% 的那部分人还是 80% 的那部分人呢？

我想告诉你的是"温故而知新"，如果你整理过一些很好的读书笔记，但你从来都不拿出来复盘和思考，那就不如不做。

再比如说去参加线下课，很多人喜欢拿出手机来拍老师讲课时使用的 PPT。

我做过一次调查，结果发现，回到家后会把自己拍过的 PPT 照片拿出来看的人少之又少。如果你没有养成这样的习惯，倒不如不拍照片，好好把内容听完，好好记记笔记，效果会更好。

教一定是最好的学，这篇文章就是帮助你更好地领会这个概念。

两个角度，打造有个人特色的新商业内容

　　我的第一门课"时间管理特训营"不知不觉已经开了5年多的时间了，在这5年多的时间里，这一门课基本上只加了两节课，以及重新梳理了整个框架，具体的授课细节内容，我几乎没有调整过。

　　关于这门课为什么会自带结果属性，我将会在本章的第四节来进行拆解，而这一节我想重点告诉大家，如何通过两个角度打造有个人特色的新商业内容。

第一个角度：模型。

我在这门课里分享了各种各样的学习模型，因为我本人非常喜欢清单思维，所以我的模型很多都是以清单表格的形式呈现的。

在时间管理课程里，我分享了资料库清单和人生梳理清单。资料库清单，主要是帮助大家通过清单表格的形式去搭建自己的资料库；人生梳理清单，主要是从多个维度引导大家梳理人生。清单不仅仅是为了罗列每天的工作重点，更重要的是通过这种梳理的方式提升认知，来解决我们在人生当中遇到的各种各样的问题。

第二个角度：概念。

我在这一门"时间管理特训营"课程里创造了非常多的概念。有不少概念传播到了全球各地。

常常会有来自美国、澳大利亚等国家的学员告诉我，他们在当地组织了华人的学习型小社群，用我的课中讲到的概念进行学习。

比较多被大家知道的概念有"微梦想清单""人生900宫格"等等。

为什么要有模型和概念的出现？因为零散的知识是不容易被记住的。

模型和概念，要么因为立体，要么因为角度创新更容易被大家记住。

我在最开始的时候也没有意识到我的"时间管理特训营"课程本身已经有模型和创新概念出现了。

2021年的时候，我去学习了一门创业课程，在课程现场发现我的创业导师的讲解中有各种各样的模型、概念出现。

当时就感觉特别高级、特别好。

学习完两天的内容回到公司之后，我马上把我服务私董会的几个模型给搭建出来了，包含了"产品矩阵模型""多管道收入表格""产品矩阵漏斗""优势表单算法""个人品牌轻创圈地图"，等等。

果不其然，分享给私董们之后，大家都觉得特别高级、特别清晰。

那么，如何才能够打造出有自己特色的模型和概念呢?

第一步，先要有对模型、概念的认知。

在意识到模型、概念的重要性之前，我已经有能力去原创模型理论和新概念了，但是我没有这样的认知，所以迟迟没做。

认知，其实是一个人创造模型里面最重要的一个步骤，你的认知一定要先跟上。

还是那句老话，人们永远都赚不到自己认知之外的钱。同样，也没有办法分享认知之外的知识。

我希望你在看到这个部分的时候，先意识到模型和概念的价值和魅力。

第二步，可以重点展开模型、创新概念相关方面的学习。

比如，你可以读一下《金字塔原理》这种类型的书籍，在接下来的时间里，无论是听课还是看书，但凡有模型、新概念出现，就要好好地进行研究和学习。

比如精益创业里面提到的 MVP 理论，我在第一次接触到这个概念的时候就很兴奋，很想把它进行改良创新，变成打造个人品牌的 MVP 模型。具体的创新内容，在我的第三本书《副业思维》里，产品生态篇的第一篇文章《MVP 模型：开启副业必须掌握的 MVP 模式产品法则》里，你可以重新把这本书拿出来看看。

第三步，创新。

"梦想清单"是众所周知的词汇，但是它对很多普通人来讲过于宏大，很多人根本就想不出自己有多大的梦想，所以我就创造了一个新的概念叫作"微梦想清单"。

我很喜欢的吴伯凡老师有个概念叫作"微出轨"，什么意思呢？就是我们每一个人的人生都可以像行驶在轨道上的火车一样微微偏离轨道。也就是说，我们可以在自己的日常生活状态里去做一些新的小尝试，然后重新唤回对生命的热情，而且用这种"微出轨"的方式，也许能探索出一些新的人生活法出来。

再比如说"人生 900 宫格"这个概念，我第一次看到这个概念的时候，就被震惊到了。

"人生 900 宫格"的本意是，我们每一个人的人生，如果按照只能活到 75 岁来算，把每个月比作一个方格，那么就只有 900 个方格。

我们可以根据自己的年龄换算成相对应的方格数，然后打印出来，把已经走完的岁月划掉，以此唤醒对时间的紧迫感，引起我们对时间的重视。

我将这个概念进行了升级，我跟我的学员们分享，可以把"人生 900 宫格"用一张很大的纸打印出来，变成一份"人生 900 宫格"清单。

一年一共有 12 个方格，每个方格可以写上对应月份发生的 1 ~ 3 件重要的事，那一年一共会有 12 ~ 36 件事发生在我们的生命轨迹里，这样的话，我们的人生道路就会越来越清晰。

第四步，用表格和各种立体模型、首字母缩写等概念去梳理我们的理论框架。

比如说多管道收入，如果只是用文字的形式告诉你，你要罗列出多个管道的收入细节，你的感受是不够立体的。

但如果我把下面这个表格提供给你，你只要根据我的描述往表格里面去填写，思路就会变得非常清晰。

管道	客单价	客户数	总计	目标达成	创新思维
管道1					
管道2					
管道3					
管道4					

产品矩阵也是如此。关于产品矩阵，我们在本书的下一章会有更详细的讲解。

首字母缩写也是如此，这已经是被广为传播的理论体系了，可以找出很多例子，比如PDCA循环：

PDCA循环的含义是将质量管理分为四个阶段，即计划、执行、检查、处理。具体解释：

1.P（plan）：计划。包括方针和目标的确定，以及活动规划的制订。

2.D（do）：执行。根据已知的信息，设计具体的方法、方案和计划布局；再根据设计和布局进行具体运作，实现计划中的内容。

3.C（check）：检查。总结执行计划的结果，分清哪些对了，哪些错了，明确效果，找出问题。

4.A（act）：处理。对总结检查的结果进行处理，对成功的经验加以肯定，并予以标准化；对于失败的教训也要总结，引起重视。对于没有解决的问题，应提交给下一个PDCA循环去解决。

以上四个过程不是运行一次就结束，而是周而复始地进行，一个循环完了，解决了一些问题，未解决的问题进入下一个循环，这样循环式发展。

第五步，想明白模型、概念体系之后，一定要用视频、图像的形式去授课，用PPT或者图表，非常清晰地把模型、概念呈现出来，而不是只用语音的形式。

先要有模型概念的认知。　　重点展开模型创新概念相关方面的学习。　　创新　　用表格和各种立体模型的导图等概念去梳理　　用PPT等视觉方式呈现，一定要有画面。

◆ 打造出有自己特色的模型和概念

你可以专门请人来帮你把相对应的模型设计出来，比如我的第一本书的插画，就是请了专业的人帮我设计。

如果你刚刚开始打造个人品牌，可以结合这篇文章，树立模型、概念的思维，但如果这件事情对你来讲有些吃力，也不必强求现在就做出这样的内容来。只要你有这样的想法和认知，未来就一定可以把新概念、新模型给设计出来。

三个模板，制作吸睛新商业宣传海报

在最开始打造个人品牌的时候，我们纯粹是靠文字去进行各种宣传，从头到尾都没有用过海报。

因为制作海报对我来讲是一件很难的事情，为了尽快行动起来，我们选择了最容易的方式。

随着越来越多专业的个人和平台入驻到线上教育这个领域里，我发现专业海报变得越来越重要。于是我们开始为自己的课程，还有我个人形象的宣传，去制作各种各样的海报。

也尝试过招聘一个专门制作海报的员工，后面发现找到合适的真的太难了。

后来我们就在想，是不是不用专门聘请专业的设计师团队，而是找一个外包的专业设计师团队？

有了这个想法之后，我们把海报制作进行了外包。现在跟我们合作过的设计师超过 10 位，固定下来长期合作的有 3 ~ 5位，我们可以根据他们的档期来进行合作的对接，出图的效果特别好，而且效率也特别高。

虽说海报设计高峰期，我们外包请设计师费用不低，但是因为长期合作，可以跟对方谈一个比较合理的海报价格，比如一张正常大小的海报，我们跟设计师的合作价格大概是 100 元到 150 元一张，长海报大概是 300 元一张。

有了海报思维之后，我们的课程销量确实有了提升，因为课堂视觉感更强，大家想要了解的欲望也更强。

我们也由此发现了其实像我们这种互联网团队，可以有很多种不同形式的跨界联系和外包合作，效率和效果都很不错。

我们常用的海报有三个模板，分别是个人海报、课程海报和活动海报。

接下来会一个一个给大家进行展示。

第一种类型：个人海报。

个人海报的用途非常广泛。比如大家参加一些社群的课程，在做自我介绍的时候，可以发送一份个人介绍的海报；当有人

Angie

Angie老师
全球IP创业导师

- 价值变现课堂创始人
- 教育赋能平台轻创圈创始人
- 央视|深圳卫视|深圳电台特邀采访嘉宾
- 全网学员、读者100万+，学员遍布中国、美国、新西兰、日本、澳大利亚、意大利等

个人品牌商业顾问

- 13年互联网营销及运营经验|前互联网公司运营总监
- 腾讯、百度、南方电网、三九网等知名企业内训嘉宾导师
- 社群创新运营模式开创者，成功打造20多个线上百万营收社群
- 帮助数万学员成功打造个人品牌&设计产品矩阵&布局商业体系顶级，实现4~7位数价值倍增

畅销书作家

- 知名畅销书《副业赚钱》《学习力》《副业思维》《向前》《高效变现》作者
- 当当网年度十大新锐作家，多本书成功在中国台湾、越南等地出版

添加我们的个人微信号的时候，也可以发个人介绍的海报。

作为一个平台的创始人，我的个人介绍海报还有一个另外的用途，就是用户会收藏我的个人介绍海报，把它发布在朋友圈，让更多的人知道他的老师是什么类型的，如果有人想要更加了解我，他也可以把这张海报一对一私发给对方。

个人海报一般包含哪些元素呢？

· 一张在专业的摄影机构精心拍摄的形象照。
· 个人品牌名字，最好是全网统一的名字。
· 自我介绍的标签，3 ~ 8 条带数字的标签最合适。
· 一个二维码，可以是公众号、视频号、个人微信号、企业微信号的二维码。

风格简约大方，更容易吸引到用户的眼球，以下为示例：

第二种类型：课程海报。

课程海报，我们一般会分为短款和长款。

短款的课程海报更加精炼，长款的课程海报包含的信息更加丰富。

这里给大家示例，并且把制作海报模板的元素罗列出来，方便大家可以直接像填空题那样把对应的海报元素填上去。

主讲老师：Angie 老师。

Angie 老师标签：

全球品牌创业导师；

价值变现课堂创始人；

轻创圈教育赋能平台创始人；

央视、深圳卫视、深圳电台创业栏目特邀嘉宾；

畅销书《副业赚钱》《向前》《高效变现》等作者。

训练营名字：金牌导师授权班。

课程五大特色：

① 新商业时代：个体成功突围开启轻创业模式；

② 双明星导师：100 天全方位陪伴，带你从 0 到 1 成功打造个人品牌；

③ 落地实操干货：系统大课 + 落地实操 + 答疑诊断，实现

百万品牌变现；

④ 小班制密训班：限量首发 50 个名额，额满封班。

⑤ 定价策略：原价 19800 元，首发包证价格 9800 元。

宣传节奏：10 月份中旬开始。

授课时间：11 月中下旬。

二维码：报名课程的联系人的二维码。

以上就是短款的元素，如果是长款的，可以把课程的五大特色进行展开，做更详细的描述，也可以加上课程的大纲。

第三种类型：活动海报。

依然是给大家示例，以我们常做的裂变海报为例。

海报主题：新商业力量：如何找到热爱，活出热气腾腾的有价值人生。

活动名称：5 天公益陪伴营。

定价策略：4.9 元，报名费用全部用于捐款。

主讲老师海报：Angie、古月、刘津、贺辰、悦蓉

主讲老师标签和分享主题：

Angie 老师：

轻创圈发起人、价值变现课堂创始人。

商业布局篇：布局新商业，带领你活出高价值的人生新篇章。

古月老师：

轻创圈创业导师、新女性财商教育实践导师。

个人品牌定位篇：找到定位，成功打造个人品牌，实现财富倍增。

刘津老师：

轻创圈创业导师、天赋挖掘或者变现导师。

多管道搭建篇：找到天赋，搭建多管道收入，实现副业从 0 到月入 6 位数的蜕变。

贺辰老师：

轻创圈创业导师、中国管理科学研究院教育创新研究所特聘专家。

品牌变现篇：个体崛起时代，如何运用品牌实现百万年薪。

悦蓉老师：

轻创圈创业导师。

心力提升篇：生而无憾，三个方法让你趁早活出热爱，找到终身所爱。

宣传要点：

2 场高能直播、5 位行业导师倾情分享、5 天全程陪伴。

以上是线上教育平台三种比较常用的海报，接下来再跟大家分享五个注意事项。

第一项，品牌的颜色，建议固定下来，这样会更加有辨识度。

第二项，前面虽然聊到我们有很多的合作设计师，但是我们一个阶段固定合作的一般会是一位，除非时间上真的来不及，我们才会换设计师。

为什么要这样做呢？因为一个阶段其实是可以把海报的模板固定下来的，这样会省去很多沟通的时间。

但是每隔一段时间，我们又会对海报的模板进行微调整，这会给用户带来一些视觉上的新鲜感，所以我们每隔一段时间会从外包的设计师团队里面去挑一个作为长期合作的伙伴。

第三项，养成收集海报素材库的习惯，比如我们在跟设计师对接海报元素时，也会给他们发一些我们认为不错的可供参考的海报模板。

我们团队成员在平时看到一些好看的海报，就会随手发到我们的工作群里，方便今后发给设计师。

第四项，海报很重要，但它只是宣传的一种方式，如果把所有的重心放在海报上，那就本末倒置了，重心还是要把产品做好，交付也要做好，不然的话你的分享效果会很差。

第五项，起步阶段到底要不要自己做海报？

这也是用户们常常问的问题。如果确实起步阶段不想成本太高，不想花钱请人，那就可以用像"创客贴"这样的制作海报的 App 来制作。

这些工具都特别简单，直接下载，按照步骤操作就能够制作出一份海报了。

如果你是一个审美感比较好的人，可以这么做，但如果你跟我一样没有良好的审美，我建议还是花钱请人做，虽说增加了成本，但你可以把这些时间拿去做你擅长的事情。

如果你一直都没有做宣传海报的习惯，那么从今天这篇文章开始，制作出属于你的一份精美海报，为你的产品宣传助力。

第 四 节

四个维度，让内容自带结果属性

在教育行业创业这几年，我听过不少的课程，无论是线上还是线下。作为一个教育工作者，我有一个习惯，除了听课程的内容之外，我还会去拆解老师讲课的结构。

如果是参加线上的社群课程，我会去学习主办方是怎样运营整个社群的；如果是线下的课程，我会去特别观察一些线下活动的细节，不仅仅为了学习而学习，还要从更高的维度去看待整场教研活动。

多年学习下来，我发现好的课程内容是自带结果属性的。

什么叫自带结果属性？就是课程内容容易吸收，吸收之后容易行动，行动容易有结果。

本篇文章我会给你分享，一门好课如何做才能自带结果属性。

通常来说，一门好课由以下四个维度构成。

这四个维度纯粹是从内容本身出发，不包含一门课要怎样进行运营、怎样实操，这些是另外的安排，本篇纯粹是从内容的角度出发来进行讲解。

第一个维度：内容一定要有心法，这部分占比为 20%。

我最开始制作的课程，内容全部都是干货，基本上是不讲心法的。

但是现在我会把这个部分放在最前面，先通过一些提升思维认知的内容，还有一些金句来打开大家的思路。

举个例子，在我的课程的开端部分，我会告诉大家：是不是现在开营了，会觉得有一点点焦虑？然后跟大家强调，焦虑才是正常的，如果你完全不焦虑，就意味着你不可能进步了。

但是我们要"高级地焦虑"，高级焦虑的意思是我们依然可以焦虑，但是要一边焦虑，一边行动起来。

也就是在大家学习之前，先告诉大家大部分的人会出现的一些心理状态，提前给大家打一剂强心针。

这个部分的内容真的很重要，它更多的是一种鼓舞大家的无形的力量。

我也常常会在课程开始的部分分享如何更好地理解课程的内容，比如说怎样更好地做笔记，怎样更好地跟我互动。

我的所有课程都会设置答疑环节，我会告诉大家，只要你遇到困惑就可以向我提问，我一定会毫无保留地回答。

可能你会说，我心力不足，那该怎么帮助他人提升心力呢？

有以下四个方法：

- 回忆自己最初的心态是怎样的。
- 写下自己一路走来提升心力的一些方法。
- 收集学员在心力方面会遇到的问题。
- 统一结合，纳入课程当中。

第二个维度：内容一定要有方法论，这部分占比为 40%。

既然是授课就一定会有方法论，不能说整个课程的内容都是在鼓励大家一定要行动起来，却没有方法。怎样行动起来呢？这个部分就需要方法论了。

以时间管理为例，我在时间管理的第一节课里面告诉大家写下微梦想清单的重要性，并且非常清晰地告诉大家怎么去写微梦想清单。

其实就是把自己做这件事的方法完整地讲给用户听。

有很多的用户自己会做，但是不会教，那怎样办呢？你可以一边做，一边把自己做的细节事无巨细地写下来，再重新梳理成有条理的方法论。

如果还是不会，你可以把你是怎么做的，像记流水账那样表述给一个总结能力比较强的人，请对方和你一起梳理总结。

另外，建议你从现在开始就养成每次看书、读文章、听课就做三点式总结的习惯，借此提高自己的总结能力和逻辑性。

同时，我们也可以在百度、微信、知乎、自己的笔记里搜索需要讲解的方法论的关键词，把自己总结出来的方法和他人的一些方法做对比，再结合自己的实践情况，总结出一套有自己特色的方法论。

第三个维度：内容一定要有案例故事，这部分占比是20%。

每个人对方法论的理解程度是不一样的，这时就可以融入案例和故事，让大家对方法论有更多的理解和吸收。

举个例子，我有一门课是讲宝妈如何打造自己的个人品牌的，我先是把宝妈打造个人品牌时找定位的五个维度分享给大家，然后每一个维度的分享都讲了对应的案例故事，大家听完后更加容易理解方法的细节。

第四个维度：内容一定要有步骤，这部分占比是 20%。

在每一次讲完方法论之后，我会再结合方法论，把它总结成可以行动起来的具体的步骤。

这个步骤更多的是去掉了准备工作，直接进入了行动环节。

比如写微梦想清单，步骤是这样的：

· 找一个安静的下午，大概 1 个小时的时间。

· 拿出准备好的纸张和笔。

· 结合微梦想清单提到的方法论（参考《学习力》一书）写下你的微梦想清单。

· 每天依照微梦想清单来行动。

· 每个月的最后一天对微梦想清单进行复盘，并写下下一个月的微梦想清单。

理论更多的是从多个维度来讲解一个模型或者概念的细节，步骤更多的是行动的指导。

以上是非常重要的四个维度，接下来我通过一个示例，让大家能够更加清楚地知道一门课程内容所包含的四个维度。

心法部分：

"很多人都想成功打造自己的个人品牌，但实际行动起来的人没有多少。所以我首先要告诉你们，你们真的很棒。只要行动起来已经是人群当中的佼佼者。但是同时，我也会告诉你们，打造个人品牌不是一件那么容易的事情，它其实就是我们凭借自身的能力去进行创业。你们一定会在创业的过程当中产生焦虑、怀疑自己，但同时你们要相信自己是一座宝藏。大家都知道挖宝藏的过程是很艰难的，甚至很多人在挖到一半的时候就放弃了。只要大家能坚持下去就一定能够有所收获，而且打造个人品牌是百利而无一害的事情，打造的过程就是我们练就硬核本领的过程，而且还能带来变现的结果。既然大家选择了学习，就要相信自己，更要相信我，我会在整个学习过程当中陪伴大家，你们有任何的问题，随时跟我进行交流。"

方法部分：

"接下来我来分享找到定位的方法，这里给大家介绍优势表单算法。"（这部分此处省略，具体的做法参考《副业赚钱》第八篇文章。）

案例故事部分：

"好，方法讲完之后大家可能还是会有一些不理解的地方，接下来我来讲方法对应的案例故事，方便大家更好地吸收理解。"

步骤部分：

"做完以上的分享，我再来给大家总结具体的行动步骤……以上就是我们今天非常重要的内容了，希望每个人都可以结合内容去写下自己的行动计划清单。"

我希望大家在授课的过程当中，不要把全部的注意力都放在心法上，因为只靠心法，内容是没有办法落地的。

只讲心法，你的学员可能会被你激励到，但最终还是不知道该怎么做。心法、方法、案例、步骤都是一门课最好的内容组成部分。试试看，用这种组合的方式行动，做出一套优质的课程出来。

第 五 节

五个步骤，设计出第一套课程内容

2015 年，我开始在大大小小的社群和平台做单节课的分享。2016 年 4 月，"时间管理课"的第一个版本推出。到现在，我和喜马拉雅、十点课堂、千聊平台、荔枝微课等各大平台都有过课程的合作，加上我自己研发的价值变现课和给轻创圈的高端用户讲的课，据不完全统计，我已经做过至少数百门课了。

如果你现在给我一个我所熟悉的主题，基本上我能够在一个小时之内出一套让你满意的课程的大纲。

如果你问我，我是系统地学过如何打磨出一套课程吗？

我的答案是没有，但是我一直都在练中学，在练中学比光学不练重要得多。

在本节里，我会把我多年来打磨课程的方法分享给你。

一套完整的课程，包括以下几个元素：

·课程方向，也就是你这门课的名字是什么，是高情商沟通课、时间管理课，还是个人品牌打造课？

·课程的大纲，围绕课程的方向，从多个维度来进行内容的梳理。

·制作 PPT，除了课程大纲，还要把每个大纲底下的一些关键要素呈现在 PPT 上。

·逐字稿，可以参考前一节提到的四个维度的内容进行创作。

以上四个构成部分，只是课程的内容，不包含宣传。

当然，讲起来是很简单的，但是每个环节的打磨都需要花费非常多的时间和精力，甚至有不少人完全没有能力做出一套课，需要请专业的人来帮助自己把课程打磨出来。

那么，打磨出一套课究竟有哪些步骤呢？一共有五个步骤：

第一个步骤：收集。

在定下来课的主题之后，我做的第一件事情不是写课，而是去喜马拉雅、千聊、得到、朋友圈、荔枝微课等平台，输入与主题相对应的关键词，找至少十套课出来。把它们全部复制粘贴到一个云链接上，这样你就能看到密密麻麻的课程大纲和课程名字。

这时，你需要将这些课的介绍全都通读一遍，把一些能够带来启发的句子或观点通通记录下来，甚至是对主讲老师的介绍也做到心中有数。

这个环节，最重要的是搜集各种各样相关的信息。

第二个步骤：模仿。

当你搜集了很多不同老师的课程大纲后，结合自己要讲的内容，用自己的话写出属于自己的大纲。

先不去思考课程和课程之间的关系，也不去思考课程大纲是否完整，而且是一节一节地进行模仿。注意，这里模仿的是别人的大纲风格，而不是别人的内容。

这个环节很容易出现不舒适感，比如自我怀疑，为什么这件事情我自己办不到，还要模仿别人？或者是自我否定，觉得自己写得实在是太烂了，想要放弃。

这个环节需要比较强大的内心，而且要不断地鼓励自己，多练习多思考。

第三个步骤：V1 版本。

先讲一个小故事。2021 年底，我们花了大量的时间去梳理服务客户的内部流程。

我发现我的团队成员不太能跟上我的节奏，一开始我以为他们没有花时间在做表格上，后来才发现他们总想把我吩咐给他们的任务做到一百分才交到我的手上。

于是我非常严肃地跟他们聊了一次，告诉他们，你们要把做好的 V1 版本交给我，我们继续讨论才可能有迭代的版本出现。

很快，他们就做好了 V1 版本交给了我。

人生哪有那么多的一步到位，一定是先完成，才会有完美。

能力强的人在做自己很熟悉的事情的时候，也许可以一步到位。但如果这件事情明明就是第一次做，想破脑袋还是做不出来一个完美的版本，那何不退一步，先做出 V1 版本，然后再在这个 V1 版本的基础之上，进行升级迭代。

而且带着这种先做出 V1 版本的心态去做这件事情，你会更容易把事情做好。

其实制作课程是一种艺术上的创造，往往是有灵感时更轻松更容易。做一个项目也好，写出一门课也好，我都非常有感触。没有灵感的时候就给自己放一个小假，跑跑步、看看书、追追剧。放松放松，灵感就出来了。

如果你做一件事在 V1 版本的时候就卡住了，不要有压力，它其实在提醒你要注意放松。

放松下来，反而更容易让灵感进入我们的身体里，进入我们聪明的大脑里。

第四个步骤：完善。

我以前还犯过一个这样的错误，就是一件事情做完之后就不再做检查。

后来我发现这样不行，因为我除了要对自己负责，还要对每一位跟我学习的人负责。

所以我养成了完善、打磨的习惯。比如说一篇文章写完之后，我要花很多时间修改一遍，修改完之后，第二天早上起来还要再修改一遍，正式发布出去之前还要再修改一遍。

有一次跟我的私董合作推出一门新课，她非常着急，想要尽快推出。我说先不着急，我们一定要先打磨出 V1 版本，然后再请团队的成员一起讨论，我们自己也要站在一个更高的视角去审视这个课程是否会令客户满意。

无论做什么事情，都要不断地修改和完善，这才是正确的做事思路。

第五个步骤：迭代。

一个课程经过完善之后，就可以推向市场了。

如果你比较谨慎，或者是你对自己做的这件事情还不是很满意，你可以先让自己的铁杆用户先免费试听，或者是用一个相对优惠的价格让他们来试听，要求他们在听完之后提出自己的建议和看法，你再在这个基础之上不断地迭代。

我们圈子还有一个很流行的做法，课程出来后，试课，然后大家提出建议，最后不断修改完善才定稿。

如果你对自己的能力很有信心，可以直接推向市场，但是在推出后也要结合大家的反馈去不断迭代和调整。

以上是我推出一门课的五个步骤，缺一不可。

◆ 打磨一套课的步骤

如果你发现自己没有经历过这五个步骤，可以问问自己哪一个步骤是需要注意的，以及怎样去把自己的课程打磨得更好。这之后，我相信你一定能够打磨出一套自己满意，市场也会给予正向反馈的课程。

亲爱的读者，读完本章内容后，你最有收获的 1 ~ 3 个点是什么？

第一点收获：

第二点收获：

第三点收获：

受本章内容的启发，请写下属于你的 1 ~ 3 个行动计划。

第一个行动计划：

第二个行动计划：

第三个行动计划：

第三章

新商业产品矩阵篇

第 一 节

一个表格，一目了然说透产品矩阵

　　我开始重视将表格作为工具来教大家这件事，是反复受到不同程度的表格化教学方式刺激带来的。

　　"我听过很多的道理，却依然过不好这一生"，为什么？因为一些人只是听过道理，却不去行动，只有真正有所行动，才算是真正懂得了这个道理。

　　也就是说，我们要以"做到"作为懂得的衡量标准，而不是以"听到"作为标准。

　　就好比，如果我总跟你强调表格的重要性，但我自己却没有做到通过各种各样的表格、模型来把我所拥有的专业知识传授给你，那我就属于"没有做到"。

从没有意识到表格化教学的重要性到开始重视表格化教学，我经历了以下三个阶段：

第一个阶段：头脑当中没有表格化教学的认知，所以很多内容的传授只是平铺直叙的表达，以至于很多用户听完我的分享之后，也觉得挺有收获的，但是没法行动起来。

第二个阶段：去上他人的课程的时候，切实感受到表格化教学真的非常重要，但是仅仅停留在知道的阶段，并没有用起来。

第三个阶段：反复受刺激，从多个维度深刻意识到表格化教学的重要性，于是开始行动起来。

我现在有各种各样的表格式教学的方式来帮助我的学员，本篇文章重点讲的是产品矩阵，我会以产品矩阵表作为一个重要的示例来给大家进行展示：

我想先问你一个问题，在还是学生的时候，你认为做填空题更容易还是开放式的问答题更容易？

我的答案是：填空题。

当然也有人可能会觉得开放式的问答题更好回答，因为想怎么写就怎么写，没有标准答案。

但我想要强调的是，开放式问答题很容易偏离主题。

在没有表格化思维之前，每一次我在跟我的用户进行交流的时候，我说："把你现有的产品矩阵罗列给我。"对方都是一脸茫然。表格化教学之后，我直接对用户说："你根据我这个表格来填写就行了。"

对方一清二楚。

我能意识到一开始让大家提供资料的时候大家眼神迷茫的原因——不知道怎么走。而当有表格让大家填写的时候，大家就会产生一种一看到表格就觉得一目了然的清晰感觉。

下面来看看这种产品矩阵表：

产品矩阵	产品名称	定价	服务周期	宣传方式	目的
流量产品					
信任产品					
盈利产品					
平台生态圈					

第一列的二到五行，是我们的产品矩阵的四款产品，这四款产品，接下来会分别有一节内容来进行解释。

第二到第六列，分别为产品名称、定价、服务周期、宣传方式和目的。

· 产品名称：你的产品名称是什么。

· 定价：把产品的定价策略，清晰地表述在表格上，

· 服务周期：产品交付的服务周期，比较常见的有 30 天、

半年和一年。

·宣传方式：采取的宣传方式有哪些，比如朋友圈、视频号等。

·目的：这一款产品我们设计出来是为了达到什么样的目的。举个例子：流量型产品的目的是转化后面的系列产品，与此同时，把优质内容传播给更多的人。

　　每一个名称所代表的意思都非常清晰，分开去讲也能够很好地表达，放在一个表格里是为了让你更方便用一张表格把整个公司的产品矩阵梳理清楚。无论你是打造个人品牌，还是做教育的平台，都非常适用。

　　这张产品矩阵表格是我的原创，原创出来之后，就陆陆续续发现不少用户，包括我的价值变现私董和很多教他人打造个人品牌的人，都会用这个产品矩阵表格来帮助用户进行梳理。

　　我想肯定是因为大家在梳理的过程当中，发现用表格的方式呈现会更加清晰。

　　你可以试试看，在还没有看接下来的本章的第二到第五篇文章之前，先来尝试填写属于你自己的产品矩阵表。

　　接下来的文章，我也会以我个人平台的产品矩阵来示例，让大家更好地去理解如何搭建属于自己或者平台化的产品矩阵。

　　除了可供用户直接填写的表格之外，也可以把产品矩阵做成视觉化的漏斗，视觉化的图可以让大家更好地了解我们搭建的产品矩阵是有流量的漏斗。

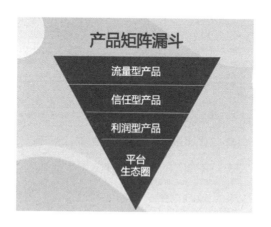

从漏斗的形状就可以直接看出来，流量产品是我们的所有产品里面人数最多的，紧接着才是信任产品、盈利产品，最后来搭建专属于我们自己的生态圈。

相信本章的内容一定能够帮助大家梳理好自己的产品矩阵。

第 二 节

流量产品：如何获得源源不断的精准客户

流量产品，最重要的是吸引流量，尤其是吸引精准的用户下单。

我有一项在 2021 年新上线的项目，叫作"轻创圈新商业下午茶"，这个项目需要提前预约才能参与。

因为每一次只要一推出，名额就被抢完，完全没有机会对外宣传，我们私董会和轻创圈的用户会马上把名额占满。

我们第二期的焦点人物是南乔，也是我的私董。

我问她被抽中为焦点人物，想要大家帮她梳理的问题是什么，她说的其中一个困惑是产品缺乏流量。

后来，整个商业下午茶结束之后，我们发现她很担心的缺乏流量是个伪命题，因为她几乎没有去为获得流量这件事情做过任何努力。

很多人都知道流量很重要，但是从来都不行动。

我想借南乔的故事来告诉你，有关"种瓜得瓜，种豆得豆"的道理。

如果你没有意识到流量真的很重要，你的行为是跟不上的，你的行为跟不上也就不可能有流量了。没有流量，你的业务就无法开展。

每一位正在看这本书的读者朋友，你可以扪心自问一下，你有没有自己的流量产品？有没有定期为自己的流量蓄水池去增加用户？

如果你的答案是没有，我敢打包票，你的商业也许经营得不错，但要顺利地向前滚动是很难的，一定会遇到瓶颈，也许早就遇到瓶颈了。

我的平台的流量型产品其实有很多，比如我的书，还有我跟各大平台的合作，以及我在抖音、知乎等平台所经营的公域流量账号，等等。

另外，初期打造个人品牌还有一个非常重要的获得流量的方式，就是去跟和你拥有同样的目标用户的个人交换流量。

无论是哪种方式，一定要记得以下两点：

·你的分享一定是能够帮助到别人的，就是要有利他思维。

·因为流量是所有产品矩阵里面的第一道入口，所以我们要采用批发式的交付方式，就是要有一对多思维。

当然，在打造个人品牌的早期，要用心服务好每一位来到我们身边的流量客户，但从时间成本的角度出发，批发式服务确实是更高效的做法。

本篇文章重点分享我的两款流量型产品。

·裂变课。

·录播福利课。

我们先说裂变课。

关于裂变课，以下几个点是需要我们去注意的：

·导师组合：如果你的流量本身就够，你可以自己单独做裂变，也可以带领有结果的学员来一起做裂变，还可以采用异业联盟的方式，找到同样有需求做裂变的其他老师联合起来做裂变。

·定价策略：有免费和付费两种定价方式。

如果免费的话，因为没有筛选，进来的用户不一定是精准的目标用户，但是裂变的速度会更快一些。

如果付费的话，要有种子用户，也就是你要有一批用户来跟你一起做这件事情，这样才容易吸引更多的用户入群。

裂变的价格可以是一块钱。如果用户的分销能力比较强，也可以更高，这样用户更能感受到裂变所获得的收入。

· 裂变的准备周期：前、中、后三个周期。

裂变前：和导师的沟通、海报的制作等准备工作，建议时间为三到五个工作日。

裂变中：整个裂变的宣传周期，建议定为七天。如果是第一次做裂变，要给予相对充足的时间，这样遇到问题时，才有解决问题的时间。

裂变后：授课的时间可以是三到五天，根据授课导师的数量来做调整。

· 授课的内容：和主题相关的干货，加上案例、心法、故事。

以上是流量型产品里的裂变课的一些注意事项。

我的私董里面，不只是秦小鱼和元哥，还有很多学员都跟我表达过相同的感受：我们的裂变课程的质量真的很高。

他们会把我的裂变直播课反复听三遍以上，我的轻创圈的教育合伙人欧妮，在听完我的直播后，写了6000字的听课笔记。

很多人认为，像这种类型的流量型产品，随便交付就好了。

事实上，每一次交付我们都会认真对待，因为我希望每一位来到我们平台听课的用户，即便不报后面的课程，光是听裂变的课也会有所收获。

这是我们的初心，也是我们做事的标准。也希望我们的标准，可以给这个行业带来一些启发。

接下来是我们的录播福利课。

简单来讲，就是把我们在直播当中常会讲到的以及效果比较好的内容，录制成录播课。

我们的录播课一般是五节，五节课包含以下内容：

·我个人的背景介绍：用户听完后会更加了解我本人。

·我们平台的整个产品矩阵拆解：用户听完后既有收获，又能对我们的产品产生兴趣进而想要更多地了解我们的产品。

·学员的案例：讲述学员学习后真实发生改变的案例故事。

·心法的提炼：鼓励用户挖掘自身的亮点，勇敢行动起来，从而拥有不止一种人生活法。

·方法的总结：提炼一些用户常会问的问题，分享解决方法和步骤给大家。

录播福利课一般会有五节，每节课大概5～10分钟的时长，简短但非常有力量。

那么这个录播福利课一般用在什么地方呢?

一般用在以下几个地方:

·直播间秒杀:会以一个比较低的价格作为福利给直播间的观众,我们在直播间秒杀过数百套录播福利课,收到的好评反馈也还不少。

·福利赠送:我本身也非常爱学习,常常会去报各种各样的课程,当有其他人联系我的时候,我会把它作为福利赠送给对方。

无论是裂变课还是录播福利课,都是经过精心的策划和录制的,所以,大家听完之后一定会有所收获。

当然,作为一个平台的创始人,我也希望有更多的人在听完我们的流量课之后来报名我们的其他课,但我们也不会只是为了完成这个目标而做纯营销的分享。无论是我们的录播福利课,还是我们的裂变课,一定是有料、有趣为先,最后再加上商业的部分。

我们在流量产品这件事情上有两个误区。

第一个误区:流量型产品里面完全没有营销元素,我以为你们了解我之后有兴趣就来报名,课程大部分的内容都是干货,用户听完之后，很多都消化吸收不了。

我们的流量课是没有答疑部分的，但是很多人在学习过程当中会遇到不少的问题，一定要有老师来配套答疑、诊断，才会让听课的效果更好。

另一个误区：我们发现这个行业有很多营销套路之后，也试过在整个分享过程里加入营销套路。

但最后会发现，这样的方式也不适合我们，最适合我们的是课程中 80% 的内容属于大家听完之后有启发的内容，剩下的 20% 才是介绍平台的内容，这样大家反而会更想要加入我们的平台来深入学习。

我相信大家在听完我们平台的流量型产品之后，一定会有所收获。

记得把对你有启发的部分用起来，一定不要做"口口声声说流量很重要，但是从来不为流量去努力"的懒人。

第 三 节

信任产品：建立信任，提升客户二次购买率

我有一本超级畅销书《副业赚钱》，在全网的销量有数十万本。

据说在抖音上有不少知名博主力推过我这本书，感恩大家的鼎力支持，也谢谢每一位购买过和阅读过这本书的读者。

有一次和我的创业导师聊天，他问了我一个这样的问题："你的这本书帮助无数人打开了经营副业的思维，那么这些人思维开启之后，你的平台有没有什么课程可以去留住这些用户？"

我的回答是有。

我有一门性价比极高的课程——"21 天副业赚钱实操营"，

由我亲自授课和答疑，每天我都会在群里面跟大家共同成长，给大家帮助。

那个时候我还不具备产品矩阵思维，也没有想过把这样的产品定义为信任型产品。

事实上，有不少用户就是在上完这门训练营之后，对我们的评价特别好，主动找我们升级成了高端用户。

我们做过调查，不少平台和品牌都有流量型产品，但是根本没有更高阶的产品去留住这一部分的流量，最终导致用户的流失。

这也是为什么我们需要有产品矩阵思维，因为这样才能够更好地服务用户。

我们前后在平台推出的信任型课程有六门，经过我们多轮测试和最终确认，核心的信任型课程有两门，一门是"21天副业赚钱实操营"，另一门是我早期的爆款课程"30天时间管理特训营"。

那么信任型课程有什么特点？以这两门核心的信任型课程为例，我从多个维度进行介绍：

第一，定价。

价格大概在几百元到一两千元之间，比如699元到1999元不等。

第二，一环扣一环的系统课程。

如果说流量型产品是从某一个小的问题进行多方面的展开，那么信任型产品一定是成体系的。

以我的"30天时间管理特训营"为例。管理时间有六大阶段，每个阶段的内容都是一环扣一环的，形成一整套完整的系统。

我的"30天时间管理特训营"同时开设有"时间管理金牌导师授权班"，有不少学员经过授权培训之后，直接拿着我们的一整套课程去授课，口碑也非常好，因为内容真的非常棒。

所以，信任型产品非常重要的一点是课程要系统，这样才能让学员真正有收获。

第三，主讲老师提供配套服务。

无论是"30天时间管理特训营"还是"21天副业赚钱实操营"，我都是在对应的授课社群内解决大家在上课过程当中遇到的学习上的问题，更好地提升大家吸收课程内容的效率。

第四，完善的运营流程。

虽然是线上的社群，却有学员评价我们平台的运营模式堪比大学，充满仪式感。

我们有开营、每日一问、闭营、上课时间整体安排一览表、答疑等环节，一环扣一环，非常完善。

我们的这一整套运营体系也被不少同行拿去做过参考，常常会有一些其他平台的老师进入我们的群来学习，也明确告诉我们，他们并不是来学习授课内容，而是来学习我们的运营模式。

第五，实操指导。

我的"21天副业赚钱实操营"有非常多的实操活动，大家听完课后，就能在我的指导之下解决自己的困惑，按照模板去实操。

有别于其他人，我们还会在上课期间带大家反复进行实操，不少同学在上课期间就把学到的方法直接变现。

像前一条提到的，我们的实操方法，常常被不少同行的其他老师拿去参考，让学员的学习效果翻倍。

第六，完善的学习升级路径。

整个课程学习结束之后，我们会明确告诉大家课程的安排，如果想要升级的话，还有其他的选择。

比如学过"21天副业赚钱实操营"的伙伴可以升级成为"副业赚钱金牌导师授权班"的学员，或者成为我们的轻创圈教育合伙人；再比如学过时间管理课程的学员也可以升级成为"时间管理金牌导师授权班"的学员。

有很多的平台会不好意思告诉用户还有其他的选择，觉得如果用户有需求的话，应该是会主动询问我们有什么其他的课程可以学习。一开始我们也是这样认为的。

后面我们才知道，原来用户不知道我们还有其他的课程可以继续学习，常常在学完一门课程后就去找其他老师学习了。

所以我们就把它变成了我们运营里的一个标准化行为。

就像本章的第一节，我们提到了漏斗型的产品矩阵，有不少用户直接就从我们的流量型产品来到了我们的信任型产品。

这里还有一个比较巧妙的设计分享给你。同一门课，不同的会员都可以上，就以"21天副业赚钱实操营"来说。

价值变现私董会的私董，属于生态圈的身份，可以上我们平台的所有课程，自然就包含了"21天副业赚钱实操营"这门课。

价值变现私教，我们的私教用户，是按年收费的，同样也包含了这一门课程。

价值变现弟子班，可以上我们的信任型产品里面的四门训练营课程。

价值变现研习社、金牌导师授权班、价值变现V品牌的会员，都可以上我们信任型产品里面的四门训练营课程。

轻创圈教育平台，也包含了"21天副业赚钱实操营"。

我们产品矩阵里面一共有七种身份的人可以上"21天副业赚钱实操营",这七种身份的人在"21天副业赚钱实操营"的表现也会吸引其他的用户对他们的身份产生兴趣。

因为不同的会员经过系统的学习之后的状态是有所区别的,大家也会对我们的其他产品产生兴趣。

即便不在课程结束后告诉大家可以升级,也已经有不少人与我们沟通想要升级。

这样的思维,我把它命名为俄罗斯套娃思维。

很多平台在设计产品矩阵的时候,产品和产品之间是没有关系的,这样的话,一个学员学完了A,会考虑要不要学B。如果A和B之间没有关联,那就什么时候学都行。

我们在设计产品矩阵的时候,会让产品和产品之间产生关联,这样用户就会想要持续进行学习。

所以我们同时满足了只想学习某个主题的用户,也满足了想要深入学习的用户。

每个人在设计自己平台的产品矩阵的时候,要根据不同客户的需求去设计不同的产品。

以上分享的六个维度,我建议大家罗列出一份产品矩阵自检清单表,问问自己在信任型产品的设计上有没有做到,以及有哪些可以改善的地方,由此来更好地调整产品矩阵里面的布局。

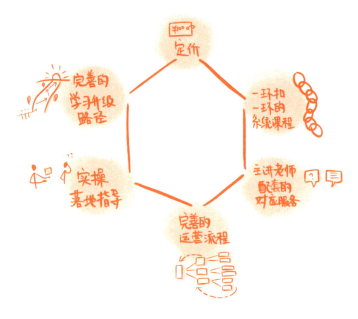

◆ 信任型课程的特点

　　呼吁大家每看一节，就先进行对应的调整，而不是把所有的内容都看完之后再做整体的调整。一步一步调整更容易落实到位，整体调整会因为过于复杂而干脆放弃。

　　愿你成为一个有行动力的人，在行动中收获有结果的人生。

利润产品：高价值产品，让赚钱像呼吸般简单

上一节分享了信任型产品，可能会有一些读者觉得，要提供那么多的服务，岂不是很累？

确实是有点累，但也确实对用户有帮助。

用户有收获了，复购的概率也会提高。

还是那句话，无论是副业赚钱、打造个人品牌还是创业，做任何事情，先把用户放在前面总不会错。

如果你发现大部分用户在买了你的课程之后就没有后续了，该怎么办？你需要提高的是你的服务交付能力。

拿我这本书来说，我相信我的书，你读后会有相应的收获。

我相信一定有看了书就马上来和我们进行深入交流的用户，而且数量还不少。也一定会有，自身并不立刻需要，但如果身边有朋友想要学习，一定会第一时间推荐给他的客户。

我的非常多的好友，关注了我好几年，职场遇到了瓶颈，第一时间就想到要跟我学习。

我有足够的耐心等待你，而且当我们在选择学习平台的时候，不正是会优先考虑身边有没有一直在做这件事情，而且还越做越好的人吗？

我就是你身边的这样一位一直在进步的老师，我所创办的两个平台，能帮助你实现副业赚钱、打造个人品牌、轻创业的目的。

利润型产品，从名字就可以看得出来，它能给我们带来更大的利润。

我的平台的利润型产品其实有很多，但为了能够抓出一条主线给大家进行分析，我们重点只拆解私教型产品。

很多的平台和品牌还停留在出几门课程，就想收高价的误区里。

我想要告诉大家，现在这个时代值钱的不是课程，是你的服务、你的资源和你的思维。

所以，利润型产品一定不能只停留在课程的层面，我们要从更高的层面去设计利润型产品。

我在为我的私董们做商业模式梳理的时候，利润型的产品是会花最多的时间进行梳理的。

他们会根据我所给的建议去罗列出属于自己的利润型产品，我会在他们构思的V1版本的基础之上，跟他们进行反复的沟通和打磨，最后推出一款在市场上有竞争力的利润型产品。

推出了利润型产品之后，产品的矩阵才能称为相对完善的状态。

我想明确告诉大家，要推出一款利润型的产品，需要非常大的自信心。

我有很多很优秀的学员，他们的从业背景非常牛，但是他们推出一款利润型产品真的是困难重重。

如果恰好你也处在这个阶段，我给你的建议是，先不去管要不要推出这款产品，而是先把这款产品打磨出来。

首先我们讲第一点，打磨利润型产品的三大维度：

第一个维度：课程维度。

可以把当下已经推出的课进行打包，把利润型产品包含进来。

比如我的私教型产品，既包含我们前一节提到的信任型产品里的两款核心产品，也包含如"六大品牌技能特训营""高效学习力变现营"，还有"金牌导师授权班"和"价值变现研习社"这样的产品。

可以试着想想自己能推出的课程有哪些，然后把它罗列出来，并把利润型产品融合进来。

第二个维度：服务维度。

我的私教型产品，服务的时长为一年。

在一年的时间里面，私教在打造个人品牌过程中遇到任何问题，都可以随时跟我交流。

而且我还会提供商业模式的梳理咨询。

第三个维度：资源维度。

比如一些去平台做分享的资源，异业联盟的合作机会的资源。

无论是服务还是资源，把你所能想到的一切进行罗列。

接着讲第二点，利润型产品一定是限量或限价的。

如果你对自己的能力很有自信，可以在最开始推出产品的时候就定一个相对高一点的价格。

如果你对自己的能力没有那么自信，但是又不希望以较低的价格成交，那么可以在首期推出限量的名额，只服务那些原本就比较信任我们的忠实用户。

第三点，利润型产品到底要不要做成终身制？

我的建议是不要，我有不少用户一跟我们学习就以私董为目标，后面发现自己的交互能力没法做到终身服务，压力会非常大。

建议大家刚推出产品的时候，尽量是做一至三年的，除非完全确定下来要往终身这个方向、这个定位去发展。

如果是做终身的，尽量做成生态圈型产品，关于生态圈的部分，我们会在下一节来重点讲解。

第四点，做利润型产品最重要的是要塑造产品的价值。

关于这点，我们在这本书的新商业产品成交篇第四节做了相关的分析，如果有需要可以到那个部分进行学习。

这里再一次强调，利润型产品，一定要有一个合理价值塑造以及限时限量的优惠价。

每新推出一款产品，最重要的是有用户成交，这样才能够形成正向的商业滚动。

第五点，利润型产品，不是指我们什么事都不用做，就会有很高的利润，而是产品定价相对高，我们提供的服务也相对更有价值。

最开始推出利润型产品时其实要付出的东西很多，但是随着购买的用户数量越来越多，利润才会相应增长。

比如，当你只有三个私教用户的时候，每一个私教用户你都要一对一进行服务；随着你服务私教的次数越来越多，你的经验也越来越丰富，你提炼出共性的问题，把共性的问题做成密训。

当私教用户再遇到问题的时候，你可以把密训分享给对方，当用户听完课程再来探讨，效果和效率都会好很多。

如果你能够熬过利润型产品早期的所有困苦，你就能享受到利润型产品成规模之后的甘甜。

第 五 节

产品生态圈：深度拆解，打造高价值产品生态圈

本篇文章，带你了解产品生态圈。

我先来解释一下，什么叫作产品生态圈。

所谓产品生态圈，简单来讲，就是你的产品互相之间能够进行资源的盘活和连接，有更多的实操机会，这是它运行的底层逻辑。

我们有两个教育平台，也就是说我们的生态圈有两个方向。

其中的一个方向，价值变现私董会，在写这本书的时候还是有终身机制的，等到书推出之后，有可能已经取消了终身机制了。

如果读者对价值变现私董会产生了兴趣，请以最终跟我直接沟通作为服务的标准。

我们先来说说价值变现私董会。

价值变现私董会成立于 2019 年，一开始成立的时候，没有想过要把它做成终身机制，也完全没有公开招募，而是与部分上过课、有结果的学员进行了私聊。没有想到，几乎每一位与我私聊的人都毫不犹豫加入了价值变现私董会，因为他们知道我是一个很靠谱的人，而我推出的产品，尤其是在推出的早期，一定是物超所值的。

随着价值变现私董会的发展，我逐渐增加了一些服务的项目，而且把它升级成了终身机制。

按理说，早期以很优惠的价格加入进来的这一批用户不是终身制的，如果要升级的话是要补差价的。但我并没有让这一批用户补差价，因为我很感恩他们在早期对我的信任，所以，我也会用更优质的服务来回馈大家。

价值变现私董会里面有来自全世界各地的优秀用户，有很多博士，而且有好几个还是深圳孔雀计划引入的超高端人才，比如将要博士、秋秋博士，还有北大光华管理学院毕业的颖婷老师；有来自美国、澳大利亚、英国、意大利、新西兰等多个国家、多个行业优秀的导师和创业者，比如多个专业领域的教练和咨询师、连续创业者、硅谷的科技精英，还有畅销书作者李菁老师……

这些人都毫不犹豫加入我们的价值变现私董会。

既然是拆解我们自己的产品生态圈，我也直接把我们的服务罗列出来给你参考。

课程权益：

Angie 老师主讲四门课：

- "副业赚钱实操营"
- "时间管理特训营"
- "个人品牌六大技能特训营"
- "高效学习力特训营"

Angie 老师核心高阶孵化课程：

- 半年制孵化课程"价值变现研习社"
- "价值变现金牌导师授权班"

私董专属高阶指导：

- 价值变现私董专享终身社群（终身）
- 线上全球连线私享会，无限次
- 线下高端主题闭门会，无限次
- 价值变现课堂国内外高端游学（无价）

· 价值变现课堂分享会 / 年会特邀分享嘉宾（无限次、无价）

· Angie 老师一对一私教顾问服务（无限次）

· 商业模式设计辅导 & 孵化咨询

· 顶级个体 & 企业创业商业模式设计

价值变现私董专属资源对接：

· 连接优质海内外高端人脉资源

· 对接出版社资源

· 对接大型名企内训资源，获得名企特邀导师背书

· 对接外部媒体平台采访资源，获得媒体特邀采访

· 嘉宾背书、公信力背书，享受媒体无限传播流量

· 对接外部平台开课资源，获得平台导师背书

· 享受平台公共流量，获得项目分成

· 享受 Angie 老师私域流量、公众号推广资源

· 获得 Angie 老师 & 价值变现课堂背书，可用于出书、采访、版权授权及各类商务场合

价值变现私董商业共创：

· 商业合作共创项目 & 宣传

· 参与 Angie 老师平台 & 外部平台合作项目

· 享受价值变现课堂平台课程天使代言人资格

· 成为 Angie 老师平台系列课讲师候选人，享受项目分成

· 获得 Angie 老师 & 价值变现平台系列孵化项目优先合作权

简单来讲，产品生态圈把课程、服务、资源和共创融为了一体。

如果你刚好也想要成立自己的高端生态圈，我们的私董会是你很好的参考。

我们另一款产品生态圈叫作"轻创圈教育赋能平台"。

轻创圈这个平台的生态圈，由三个系统搭建而成，形成铁三角稳定内核：

· 成长系统：学习经营人生、布局事业的硬核实力。

每个人都需要持续学习，积累自己的核心竞争力，打造个人品牌的方法、成交技巧、经营朋友圈的方法，我会一一教给你。

· 赋能系统：赋予你强大的信心，由内而外全然相信自己。

在过去，我总以为教会大家赚钱的方法就行了，最近几年，我深刻意识到，这远远不够，一个人做不成一件事，往往不是因为能力不够，而是心力不够，不相信自己能办到。我会不遗余力在这件事上助力大家，让大家由内而外自信起来，成为新商业时代最勇敢的一群创业者。

·共创系统：与我们一起，参与多种实操项目，搭建 1 ~ N 条收入管道。

除了教大家赚钱的方法，更重要的是，我们会建立各种各样的商业实操项目，我们的团队会带大家躬身入局，实际操作，成功搭建 1 ~ N 条收入管道。

为什么在最开始推出时就把这个项目想得很明白，因为我们是以生态圈的形式去推进这个项目的，所以选择了在最开始就把平台的使命、价值观和愿景表达清晰。

轻创圈平台的崛起也特别有意思，我们大概用了一年的时间不断迭代和升级这个项目。

第一个阶段，这个项目刚刚有雏形的时候，我们就邀请了三位忠实会员一起参与。

那个时候还没有完全想明白究竟要怎么做这个平台，但是几位忠实会员都是瞬间就加入了我们的轻创圈教育平台。

这就是打造个人品牌的魅力，一个真正有个人品牌的人，只要想做一件事情，去呼吁一些老用户一起来参与，一定能够召集到一批有相同价值观的人一起做事。

我们轻创圈项目有了几位忠实用户加入之后，就一直处在打磨的阶段，直到 2021 年的 9 月份我们把它落地了。

第二个阶段，确定要落地之后，我把轻创圈相对应的身份想得很明白，我和我的团队分别邀请了适合加入这个圈子的导师和战略顾问，和我们共创这个平台。

短短几天的时间就有数十名导师和战略顾问加入了我们的轻创圈平台。

第三个阶段，我们邀请了一些忠实用户和一些刚刚联系我们的新用户，以封闭式群发的方式发布了这个项目。

我们的第一场直播在线收听的人数只有不到 200 位，但是在直播的现场当我告诉大家我们的新项目会在直播过程中推出的时候，我的干货还没有讲完，就已经有不少忠实用户在留言处说，希望我能够把这个新项目的细节解释得更清楚一些。

在我解释这个新项目是什么之后，我们的团队同步把加入新平台的链接发布了。

直播那天晚上，我们本来只想邀请 30 名用户加入新项目，但没有想到，我的直播还没有讲完，就已经有 37 名用户直接报名加入轻创圈。

为什么会有这样的成绩，我结合两个项目对产品生态圈做以下的拆解：

第一，一定要持续打造个人品牌，我常说，这些年我拿到了无数的人生红利，其中个人品牌是我最受益的人生红利。

第二，想明白自己的终身使命，如果想要做生态圈，就不能够畏首畏尾地去做事，而是应该描绘自己未来事业的整个蓝图。

第三，想要搭建生态圈的人一定要有大的格局，而不是只关心自己的利益，要能成为他人背后的推手，有魄力，不怕被超越。

第四，要像经营一家公司那样去经营生态圈。

以轻创圈教育赋能平台为例子，我们有非常完善的岗位开放给所有的教育合伙人去申请，也有相对应的晋升机制，完全是把管理一家公司甚至是一家集团的方法用在了管理我们的轻创圈平台上。

最大的不同是，我们依托互联网的便利性，把这一切搬到了线上来做。

很庆幸自己在 2008 年就进入了互联网行业，算起来，在写这本书的时候，我已经有 14 年的互联网运营经验了，所以才有这样的嗅觉和能力去做这件事。

第五，想要创办平台的你，加入任何的平台进行学习，都不能仅仅学习知识，而要以平台的创始人为目标，以自己未来会搭建平台的心态去吸收、去学习，这样才能够搭建专属于自己的平台。

我们这些年影响了不少人创办自己的平台，打造自己的品牌，也很感激这些年来自己的努力被那么多的人认可和看见，这对我自己的整个新商业布局有非常大的帮助。

人生走的每一步都一定会有用，只要我们正心、正念、正行地去做这一切事情，终有一天，量变会引起质变。

如果你和我一样逐渐想明白了自己做事的终身使命，这篇文章一定能给你带来足够的启发。

亲爱的读者，读完本章内容后，你最有收获的 1 ~ 3 个点是什么？

第一点收获：
第二点收获：
第三点收获：

受本章内容的启发，请写下属于你的 1 ~ 3 个行动计划。

第一个行动计划：
第二个行动计划：
第三个行动计划：

第四章

新 商 业 产 品 传 播 篇

传播心法，越分享越热爱

如何才能够爱上自己正在做的事情？去找到适合你的方式分享。

中国有句话叫作见面三分亲，意思是，人和人见了面，感情会进一步加深。

人和事的关系也是如此，真真正正去干了，如果再有正向的反馈，会越来越热爱。

我身边最快乐的人永远是那些愿意敞开自己去分享的人。

我曾经非常内向和自卑，后来因为从事销售工作，被迫要跟很多人沟通，因而活得越来越自信。

相比自卑、内向的自己，我更喜欢现在的自己。

事实上，不爱交流的人也有很多分享方式，比如文字。你可以先以自己喜欢的方式开始分享。

如何能够让自己的人生发生如此大的转变？如何越分享越热爱？本篇文章要给大家分享八条心法：

第一条心法：分享，给人带来力量。

一个工作日的午后，我收到了一条私信："Angie 老师，谢谢你的时间管理课，我的心理咨询师说我的状态好了很多，她还很好奇我最近做了什么有那么大的转变。"

收到这样的留言我非常惊讶，也诚实告诉大家，我的第一个反应是不相信，我不认为自己有那么大的能量。

但我还是回复了她："实在是太为你开心了，我还有什么可以帮助到你的吗？"

对方说，她一定会多听几遍我的时间管理课，而且相信自己一定会越来越好。

我做教育以后第一次收到这样的留言。之后又陆陆续续收到各种不同类型的留言，我越来越确认，自己在做一件非常值得坚持做的事情。

和我走得非常近的学员亚琴，也是我早期的学员，但一直都没有和我深入交流。后来我才知道，她曾经得过非常严重的抑郁症，直到她后来跟着我们学习提升之后，整个人的人生状态发生了翻天覆地的变化。

2021年，我的第一期轻创圈新商业下午茶活动的现场，她侃侃而谈，给我们的焦点人物提商业建议，当时连我都觉得，她提建议的角度很新颖很到位。

在那一刻我再次确认，分享是可以给一个人带来力量的。

从那之后，每当我想偷懒的时候，就会想到这几个故事，内心的力量就会喷涌而出，也有了更大的动力继续去分享。

第二条心法：分享自己做到的。

在想明白自己的第六本书的主题之后，我的写作速度特别快。

我从来没有在公共场合立下要在多短的时间把这本书写出来的目标，因为我对文字是有敬畏心的。

我的想法是，一定要写对读者有帮助的书，这样大家看完才会有收获。

但这一次我确实写得很快。记得我特别喜欢的另一位作者，她曾经在公开场合分享过，只要她想明白自己要写的主题是什么，写作速度就会非常快。

她曾经在不到10天的时间里把书写完了。

我突然有了和她一样的感受，因为我在写这本书里面的很多篇文章的时候，是把我自己做到的、正在做的、计划要做的分享出来了。

用一句话来形容这种感受就是：我手写我心。

如果你发现你总是不能够很畅快地去分享，就要问自己，是不是做得还不够？

行动力强的人，分享起来会比完全没有行动力的人要高效很多。

因为前者是脚踏实地地站在坚实的大地之上的，后者是飘浮在云中的。

这本书的初稿是通过语音转写的形式写出来的，每一篇文章都是拿着手机对着语音转写类 App 很自然地讲出来的。

有一次，我很喜欢的一位主播说她特别想去做一套商业主题的课程，但是真的要做时才发现脑海中没有完整的框架。

最后她决定以采访商业嘉宾的方式，在聊天的过程中把这些问题聊透。

说干就干，在一场又一场的直播里，她采访了很多嘉宾，这些嘉宾分享了非常多的好内容，后来，她找人整理出来，就成为非常完善的商业主题的干货了。

如果你是一个行动力非常强的人，而且也做了很多事情，但你总是没有办法把它表达出来，这个时候你就应该借助外界的力量，比如说找一个专业的人采访自己，或者是请团队成员帮自己梳理出来。

如果问题出现在自己的身上，那就从自己身上找原因，如果自己没有问题，那就找解决问题的方法。

第三条心法：毫无保留地分享。

如果你刚好跟我一样是做教育的，一定会遇到这样的问题：总是毫无保留地分享，会出现储备告急的情况。

我也曾经历过担心自己储备量不够，分享时总有所保留的阶段，但很快我就发现，这样不够利他，倒不如保持毫无保留的分享状态。那样能够倒空自己和更好地丰富自己。

下了这个决心之后，无论是写文章、写书、做直播还是发布视频，我再也不会出现"这个话题免费分享给大家，会不会用户就不再来付费参加我的课程"的心态了，而是确定了话题就围绕这个话题去展开充分的表达。

任何的分享，初心不一样，效果就一定会有区别。

当你总想有所保留的时候，你的表达就会不够顺畅。

但如果你的发心是要毫无保留地分享，你在表达的时候就有一种畅快的感受，听众收获也会更大。

第四条心法：分享时要打比方，讲人话。

如果你想要自己的分享得到及时的回应和反馈，有一个非常关键的点，那就是要打比方，讲人话。

好为人师的人常常会犯的一个错误，就是喜欢讲道理。

但是人们不喜欢听道理，更喜欢听故事。

有一次我跟我的学生分享：问题是要一点点解决的。

讲完这句话之后又打了个比方：就像我们的头发打结了，如果你企图拿一把梳子从上往下一把梳下去，你可能会掉很多头发。但是如果我们一点点地梳，尤其是把打结的部分抽出来一点点地进行梳理，最后头发就一定会顺起来。

同样的道理，当我们的人生遇到难题的时候，千万不要奢望有一个人或者是一个方法可以把所有的问题一次性解决。而是一定要坚信，任何问题都是可以一点点得到梳理和解答的。

我能感受到讲大道理和分享故事的区别。如果你用的是前者，听众会半信半疑地点头，如果你用的是后者，听众听完后会非常有感触而且能产生画面感，从而对此留下深刻的印象。

从那之后，我会不断地训练自己要讲人话，要把大道理变成一听就能懂的各种各样的故事。

第五条心法：分享，说有意义的话。

为什么我的身边总是能聚集一群正能量的人呢？为什么好的事情总是会发生在我的身上？

有两个原因：

第一，因为我总是说有意义的话，大家看到我分享的有意义的话会被我触动，所以我吸引过来的大部分都是同类的人。

第二，因为我养成了说有意义的话的习惯，即便我遇到一些不好的人、事、物，我也能从中去找到有意义的一面。

我希望每一位看这本书的读者都能够深深地记住说有意义的话的价值。

如果我不是因为最开始的持续分享得到了好的反馈，那么我也没办法坚持分享那么久。

互联网时代，信息很嘈杂，爱分享、爱表达的大有人在，但我也观察到，有一些教育行业的人在分享时是以打击教育为主题，这虽说也是一种分享，但我认为是不恰当的，我们要做有意义的事，说有意义的话。

如果我们的分享总是负能量，总是否定他人，那不如不分享。

第六条心法：分享你喜欢的人、事、物。

时不时会收到学员的信息："Angie 老师，我不像你对任何事都有那么多的感触，那我该怎么办？"

很简单，分享你认可的人、事、物。

有段时间，我的灵感枯竭，于是我会去收集很多有趣的故事、心理学实验故事，以及一些名言名句，然后来做分享。

而且我特别喜欢分享我看过的电影、看过的书、看过的节目，也常常会因为这样的分享受到大家的好评。

只要你想，每个人都可以成为传播美好的站点。我们传播的不一定只能是我们自己身上拥有的，也可以是我们欣赏的尤其是接触过的人。

大家可以尝试去收集喜欢的人的清单，当你分享的灵感枯竭的时候，就可以从这份清单里面找到可以分享的东西。

第七条心法：爱分享的人，能量会回流到自己身上。

我一直都怀着一颗感恩的心在做教育，所以我也常常会感谢跟我学习、读我的书、看我的文字、听我的直播的你们。

是因为你们，成就了现在的我。

常怀一颗感恩的心，更容易感受到分享的好处。

分享过后，也更容易体会到能量的回流。

我们一直处在高强度的工作中，消耗了很多的时间、精力，如果不是怀着一份感恩的心在分享，工作就会变成是一件很劳累的事情，而不是滋养自己的事情。

举个例子，每一位父母都希望自己的孩子是独立的，什么叫作独立呢？举例来说，就是会自主完成作业。但有趣的是，当孩子在生活当中有自己的主意，跟家长对抗的时候，家长又接受不了。事实上，孩子会跟家长对抗，不就证明他是一个独立的孩子吗？如果我们能这样想，即便是对抗，我们也可以用更温和的姿态去看待我们和孩子之间的相处。

事实没变，但认知的角度不一样，整个状态就会有很大的变化。

分享，也是如此。

第八条心法：越爱分享的人，个人品牌越值钱。

有没有发现，爱分享的人打造个人品牌会比不爱分享的人，容易至少10倍以上。

最初个人品牌势能积累起来的那个阶段，我做过一件这样的事情，就是在一个月的时间里密集分享了35次。平均每天都会有一次以上的分享。

为什么要做这么一件事情？因为我发现只要分享就会收到微信和私信，他们问我现在正在做的事情是什么，觉得特别有意思，觉得我好厉害。

事实上，那个时候我还没有什么知名度，但是因为在很多的地方亮相分享，大家就会产生一个感受，这个人一定是很厉害的人。

尤其是互联网时代，你不发声，一切都不会发生。即使你是一块金子，如果不告诉别人，也很难被发现。

我希望每一个人都可以越分享越幸运，越分享越富足。

当你不会分享的时候，可以重点把这篇文章里面所提到的八条分享的心法拿出来看一看，我相信一定会对你有帮助。

如此，才有了我这么一个通过分享收获许多的如此幸运的人。

而且我坚信我把这本书里的内容分享给你们，我还会继续收到很多的正能量的反馈。

看到这里，也呼吁你，看完这本书后，如果你有收获，记得想办法联系我，告诉我你的收获是什么，我也会为你竖起拇指点个赞。

第 二 节

五个维度，写出个人品牌故事

29岁那年，我利用业余时间，开始通过互联网的形式去联系一些新朋友，参加一些新的社交圈子。

我深刻地感受到，原来还有那么多的人在探索这个世界，而且用的是我完全想象不到的方式。

我猜，应该很像你们在看我的书、听我的故事、上我的课时产生的感受。

受环境的影响和一些喜欢的榜样人物的启发，我居然动笔写下了自己人生当中的第一篇文章，我后来回过头来看那篇文章，真的是"惨不忍睹"。

后来我把这篇文章重新做了修改润色，把它写进了我的第一本书里，也就是《学习力》这本书的第一篇文章，标题名字为"20～30岁，与时间赛跑的这十年"。

凭借这本书，我还获得了当当网年度十大新锐作家的称号。

最开始，这篇文章被发布在互联网上，虽然阅读量不高，但也吸引了不少朋友。

我第一次体会到了一篇文章的力量，直到今天还有人因为这篇文章找到我，并且告诉我这篇文章给他带来了很大的力量。

那个时候我还完全不知道有个人品牌故事这一说法，却误打误撞做了这么一件正确的事情。

其实这个事情并不是我先创的，有非常多的自媒体作者都是通过一篇又一篇脍炙人口的故事性文章吸引了很多的读者，给读者们带来精神上和行动上的驱动力。

我自己也特别喜欢看这种类型的文章：有故事、有干货、有观点，一篇2000字左右的文章，就可以让别人对自己产生比较立体的印象，这是一件投入产出比非常高的事。

在做新商业的这些年里，我不断地去撰写并完善一篇又一篇的个人品牌故事，我不只自己写，还带领着我的私董和学员们一起来写。

他们也在我的影响之下，一遍又一遍地去梳理自己的人生经历，写出了一篇又一篇能够帮助他人和拥有传播效率的个人品牌故事出来。

在确定要终生做教育之后，我身上有一个这样的使命：凡是我自己用过的好用的方法，我一定要第一时间推动我的价值变现私董们用起来，如果经由他们验证过这是非常好的方法，我一定会再次把这个方法进行优化，并且分享给更广大的读者朋友们。

我发现带着这样的使命去做事情，做事变得更投入，也更容易提炼出能够帮助到更多人的核心要点。

如何才能写好自带传播效果的个人品牌故事呢？我有五个维度分享给你。

第一个维度：写下你的人生故事。

人其实是被故事喂养长大的。

一起回忆一下，你去听一场讲座，讲座结束之后，记得最牢的会是哪一方面的内容？

于我自己而言，记得最牢的是故事以及朗朗上口的金句。

尤其是故事。因为在听演讲者讲这个故事的时候就已经会有相对应的画面出现，所以会在大脑里记得很牢。

因此，个人品牌的第一个维度，一定要写上我们自己的人生故事。

值得注意的是，这样的一个人生故事，一定不能像记流水账一样来写。

什么叫记流水账？比如先写故事发生的年份，然后再单纯写故事本身，这种年份加故事的记录方式，就是在记流水账。

那么，到底该如何写好自己的人生故事呢？在这个部分一定要有用户思维。就是要让用户在听完你的人生故事之后对你留下一个比较深刻的印象。

当然，我们在写个人品牌故事的第一个版本的时候，可以事无巨细地把自己头脑当中出现的故事都写下来，但是在修改的时候就应该删掉那些跟我们的主题不够吻合的或者是不够精彩的故事。

什么叫精彩的故事？精彩的故事是容易产生画面感的。

我来举个例子。

2008 年，从学校毕业之后，我来到深圳找到了自己的第一份工作，月收入只有 2000 元。

以上的表述平淡无味，修改之后是这样的：

2008 年，我毕业即失业，因为种种原因，我放弃了当时家人和身边朋友觉得很不错的深圳航空的工作，来到了互联网行业，从月入 2000 元的客服开始做起。

以上的两种表述相对比，是不是后者更有张力一些？

再比如：

2012 年，我怀孕了，在孕期这接近一整年的时间里，我一直保持着学习的节奏。

以上的表述依然是平淡无味，修改之后是这样的：

2012 年，我辞职后打算找一份轻松的工作备孕，结果还没有找到工作就发现自己怀孕了。起初我接受不了这样的现状，在大哭了一场之后，我重新规划了自己孕期的安排，在怀孕的那段时间里，我做了许多事情，其中一件是我阅读了 300 本书。

这种表述是不是更能吸引你的眼球？

总结一下，有张力的人生故事，包含了以下几个要点：

· 有起伏有转折，才能引人入胜。

· 有数字出现，才会有对比。

· 有细节的描述，才能带来画面感。

· 有身份的出现，才能带来认同感。

你在写完自己人生故事的流水账之后，挑一些比较关键的要点，再结合以上四个要点来进行展开，一定能够越写越好。

第二个维度：统计你的成就，并且统一罗列。

如果个人品牌故事文章的作者并没有什么值得大家学习借鉴的地方，传播力肯定也就没有那么强。

这个维度的重心是引导你去回顾自己过往的人生。

在还没有落笔写这一篇个人品牌故事之前，我也会认为自己没有什么值得分享的地方。

不单我是这么想的，我有很多学员也有同样的感受。

但我依然坚持不懈地要他们去写个人品牌故事，在开始动笔之后，你会发现，注意力就全部聚焦在自己的成就上了，然后会产生这样的感受：原来我还挺优秀的。

如果你不知道写什么，我依然建议你动笔尝试写一写，即便写不出来也会激发你做一些有成就的事。

这部分内容的撰写，我有以下三点的建议：

· 至少三件以上的成就罗列在一起。

· 每一件成就均由年龄或时间、具体事项、所获得的奖励三个维度组成。

· 一定要多加上一些数字。

举个例子：2016 年 5 月，我推出第一款时间管理课，报名人数突破 200 人。

以上的表述，看起来已经不错了，但是还有修改的空间：

2016 年 5 月，我在有 600 个好友的个人微信号上推出第一款时间管理课程，30 分钟内报名人数突破了 200 人。

我们也可以把自己在职场上所获得的一些成就进行罗列，举个例子：

工作第一年成为公司的销冠！

可以修改润色成为：

工作第一年，25 岁的我和公司 30 名客服竞争，成为年度销售冠军，拿到了数千元奖励。

你也可以把自己人生当中的成就进行罗列，举个例子：

带好两个娃，还能兼顾事业。

修改润色之后变成：

带好两个娃，还能够兼顾事业，实现年营收破千万元。

如果以上的举例，没能让你产生任何灵感，甚至你对此完全无动于衷，那么恭喜你，这本书将会给你带来无比巨大的价值，因为它会唤醒你创造人生成就和高光时刻的意识。

第三个维度：收集用户对你所推出的作品的好评，以及对你个人的好评。

自吹自擂年代已经过去了，大众更喜欢的是分享这种润物细无声的营销方式。

客户好评可以有很多种方式，比如看完你的文章、听完你的分享，或者是添加了你的个人微信号之后对你个人的表白，或者是上了你的课和你联系之后对你作品的表白，或者是表示对你个人的生活状态的向往，还有你所在做的事情的认可和表白等。

这些都可以在平时跟用户进行交流的时候，随手截图保存下来，融入你的个人品牌故事里。

我相信看到这里，一定会有读者拍自己的大腿说，我怎么没有想到可以这么做！

没有关系，赶紧去翻翻过去的聊天记录，看还能不能找到客户好评，如果没有，那就从今天开始做好这件事情！

第四个维度：一定要有干货提炼。

提炼三条干货最合适。

如果通篇文章都是故事，确实也会有人被你深深吸引，尤其是你的人生经历里有些部分跟读者的是重合的，能够引起共鸣。这个时候如果你能在故事之外增加一些干货，哪怕只有三个点，都能起到非常强的助推作用。

所以，在写自己的人生故事的过程中，当你的头脑里有一些感受出现的时候，一定要写在自己的灵感库里。

这个部分可以这样写来作为衔接：

在我过往的人生经历里，我相信一定有某一个部分能够给你带来启发，引起共鸣，在这里，我也想对我过去的人生做一下总结，分享三个我自己最大的感受给大家。

第一个，保持终身学习。任何有成就的人士都是终身学习者。

第二个，拥有优质人脉。你的人生有贵人提携，会有更大的突破。

第三个，加入高能量圈子。一个人可以走得很快，但一群人可以走得更远。

为什么会是三条总结呢？因为三是非常容易记忆的数字，条数太多大家反而记不住，条数太少没有办法引起读者的共鸣。

另外，无论写得好坏，请一定写完它。毕竟完成比完美更重要，没有第一个版本，哪来不断升级迭代的第二、第三个版本呢。

第五个维度：高度概括自己从事新商业的使命。

我是在创业大概第三年的时候，才意识到使命的重要性，这些内容我在前面的文章中有更加详细的阐述，这里就不再重复。

为什么要在个人品牌故事的最后去表述自己的使命呢？

每个人都活在真实世界里，如果你想要别人为你或者你的作品买单，你需要去总结和提炼出自己从事新商业的伟大梦想和使命。

我相信有一些读者在看到这部分内容的时候会想，我没法去提炼自己的人生使命。在这里，我教大家如何找到自己的人生使命。

你可以问问自己，你现在正在做的事情，如果上升到社会的高度，那会是什么呢？

以轻创圈为例子，我们这个平台的使命是：成就每一位轻创圈教育合伙人，成长、互助和共创，提升你的综合实力，提高你的内心心力，加入高能量的轻创圈圈子，一起实现轻创业的梦想。

我在个人品牌故事的最后，常常会加上一句号召大家和我联系的句子，比如：

· 欢迎你和我联系，开启人生新篇章。
· 期待你和我联系，做自己人生的设计师。

你也可以根据自己的实际情况，想一句非常能代表你个人想法的句子作为文章的最后一句话。

个人品牌故事的魅力在于，它能起到无限量传播的价值。我希望每一位想要打造个人新商业模式的读者，都能在看完这篇文章之后的第一时间去尝试写个人品牌故事。

如果你不具备写作的能力，也可以请专门写个人品牌故事的专业人士来采访自己，让他帮你写出一篇这样的个人品牌故事。

这是个人新商业时代非常有价值的一件事。

 写下你的人生故事

 统计你的成就事件,并且进行统一罗列

 收集用户好评见证

 一定要有干货提炼

 高度概括自己从事新商业的使命

◆ 分享自己的个人品牌

第 三 节

短视频：两个通用模板，十倍提升传播效率

我有一个学员叫美好，当她告诉我她认识我的途径之后，我再一次确认了微信视频号是非常值得我们每一个个体去经营的一个平台。

先分享一下美好在认识我之后产生的变化。在加入价值变现私董会一个月的时间里，她的收款产品 24 小时全部售罄，3 小时营收 2 万元，一个月就收到了单价 10 万元的私教客户，对方是连锁书店的创始人。

那么她是如何认识我的呢？

她是通过她的同事小 N 认识的我。小 N 是读了我的书了解

到了我，后面添加了我的个人微信号后知道"价值变现研习社"这个课程，很快就报名参加了。

有一天我在群里发了一条短视频，小 N 看了之后觉得很有启发，于是点赞了这条视频。

微信视频号的运行机制是某用户点赞过的视频，其微信好友都会看到这条视频。

美好就是这样在视频号和我认识了。她先是看了被小 N 点赞的那条视频，然后她把我的所有视频几乎都看完了，看完之后添加了我的个人微信号，第一句话就是问我们最近开的课程是什么，了解到"价值变现研习社"之后马上就付费参加了。

我很快就发现美好综合实力不错，行动力也很强，而且是一个很乐于分享的姑娘。在一次和她聊天的过程中，她告诉我接下来的时间会全部投入到打造个人品牌上来，于是我邀请她加入价值变现私董会。

在和她一对一商业梳理的过程中，我发现她只要一谈到钱就要转换话题，商业意识非常薄弱。庆幸的是当我帮她突破了这个瓶颈之后，她的成长速度非常快。

我开始留意，有多少人是因为我的视频号认识我的。

我发现，这不是特例，我有不少学员都是通过视频号知道我，进而通过看我的视频产生了信任，再来报名我们的课程和我深度交流。

我的私董李菁老师，她做过统计，她的学员里，有超过50%的人都是在看过她的视频后再来和她深度交流的。

看到这里，你的感受是什么？是想要马上行动起来去经营自己的视频号还是看看就算了？

我希望你是前者。

当你想要打造个人品牌又不知道该怎么做的时候，别人的成功经验就是你最好的行动指南。

我相信会有部分读者确实想要行动，但是不知道该怎么做。

接下来我会告诉大家两个最具传播影响力的短视频模板，希望能够让你在做短视频这件事情上少走弯路。

我这一次举的例子是以微信的视频号为主，其实，诸如抖音、快手、小红书等平台也都可以发布视频。从经营效率的角度出发，你可以从中选择适合自己的一个平台作为短视频首发平台，其他的平台可以找到相对应的格式同步发布。

第一，如何选择短视频平台？

如果你的分享是以知识教育为主，首推微信的视频号，尤其是本身就在经营私域流量的，一定要把视频号作为自己最主要的短视频首发平台。

如果你是分享博主，非常推荐小红书平台作为你最主要的是短视频平台。

如果你是想要通过带货进行变现的，推荐抖音作为你首发的短视频平台。

第二，短视频平台的自我介绍该怎么写？

一份好的自我介绍可以自带宣传效果，让用户更全面地了解你。同时，一份好的自我介绍也是有大致模板的。

·身份的罗列和取舍。

如果你有很多的身份标签，一定要做取舍，可以选择和短视频分享主题相关的身份标签，而不是把所有的标签都罗列。

·公众认可的身份。

我把这个点单独拎出来和大家强调，如果你有公众认可的身份，即便和短视频的主题不太相关，也一定要罗列出来，比如当当网年度十大新锐作家，央视／深圳卫视采访嘉宾这类标签，会提升你的个人形象。

·一些固定话术，供你选择。

这里提醒你一下，你在全网的名字、自我介绍、头像等要尽量做到统一，这样方便更多的人识别和找到你。如果平台允许你在自我介绍时写上自己的个人微信号，那一定要加上去。

最后一句话也是比较关键的，这句话可以引导大家关注自己，也可以做一些比如"加上关注后可以领取福利"这样的设置，增加关注的比例。

我看过很多人的自我介绍都写得很随意，要记住，你每一次的展示都在增加用户和你深度交流的机会，一定要重视起来。

第三，两个短视频通用模板的分享。

有段时间，我花了不少工夫研究如何做好短视频，发现有两个版本的通用模板效果最好，今天也分享给你，方便你更好地展开短视频的推进。

这两个版本分别为：

·一个普通女孩 / 男孩的十年。

·关注我的三个理由，让你的时间更值钱。

先来拆解"一个普通女孩 / 男孩的十年"。

我的第一条视频就是类似这种形式，可惜的是，因为有一些措辞不当被我删掉了，删掉的时候点赞量已经接近 1000 了。

制作这么一条视频主要是从五个角度进行策划：

·文本：这个是最重要的，大概的思路是把你过去的十年，按照时间线提炼出一些关键要点，最好是前面普通、中间转折、后面有一定的成就或者是高光时刻。建议你至少要看十条他人同类型的视频，然后模仿着写出一条自己的，或者是找专业的写手帮你打磨和润色，写一个好的文本出来。

·照片：既然是过去的十年，我相信有很多人都没有视频素材，那么你可以选择过去十年相对应的老照片，也可以借此机会好好回忆一下自己的过往岁月。注意，一定要结合文本尽可能多地放一些照片。

·视频：文本后半部分比较接近自己现在的年龄时，可以使用现在新拍摄的视频。我也看过有不少人把现在拍的视频穿插在过去的经历当中，这也是可以的。最好是拍一些反映你现状的视频，放在最后的环节里呈现出来，会增加信任感。

·配音：如果确实没有视频，最好以图片加配音的形式呈现。

·字幕：如果你的声音不太好听，建议大家用字幕加照片的形式，会更加有冲击力，声音可以在某部分适时出现一下就行。

接下来拆解"关注我的三个理由，让你的时间更值钱"。

这种类型的视频，开端部分非常重要，给大家的建议文本是：

当你无意中滑到这条视频，我想告诉你，一定不要着急，请用一分钟的时间看完这条视频，也许你的人生会大不同。

三个理由可以是这样的：

·第一个理由，介绍自己在哪个领域，所在领域的专业能力，可以加上数字化身份标签。

·第二个理由，引导大家关注你，告诉大家你会在这个视频里分享哪些对大家有帮助、有价值的内容。

·第三个理由，告诉大家，关注你的人可以学到什么，不定期进行惊喜派送。

我每一次在刷视频号时，看到以上两种模板的视频，就会情不自禁点进去。

而且，我还有一个发现，当我们看完以上两种模板的短视频后，再点击进去看他的视频号主页，会发现这两种模板的视频流量和点赞率大都排在靠前的位置。

也就是说，这是经过全网无数的人验证过的、排名相对靠前的短视频模板。

也有一些朋友会把这两种模板合并在一起，前面先讲十年的经历，后面再讲关注的三个理由。

十和三是大家接受度比较高的数字，当然，你也可以根据自己的实际情况做一些调整，如果能够按照这个范本来做，效果会更好。

第四，记得把流量引到个人微信号进行留存。

我从最开始打造个人品牌、做个人商业开始，就把我在各个平台的流量都引到了我的微信。

其实我在全网的流量不算多，但是全网听过我的课程、买过我的书的人数已经突破百万了，因为我跟各大平台比如喜马拉雅、得到、十点读书、千聊都有不同程度的合作。

每一次的合作，我都会有意识地把用户引到我的个人微信号上，目前我们整个团队有接近 20 个个人微信号。

所以我呼吁每一位看到这篇文章的人，一定要重视私域流量的经营，即便你现在都没有想明白个人的新商业会向哪个方向发展，也要果断行动起来去做短视频。如果你是一家企业的创始人或者负责人，要想尽办法把你的客户引入你的私域流量池里。

看到这里，如果你现在去做这样一个举动，未来因为这个举动你个人或者你的企业的业绩有了倍增的情况，别忘了到我的个人微信号上给我报喜。我也提前祝福你，行动力强的人是很优秀的人。

第四节

借力传播：如何借势平台和大咖，获得强背书

普通人刚开始打造个人品牌，怎样才能更快速地有所突破？有一个非常重要的思维叫作"借力传播"。

先讲讲我的故事。2015 年，我借助自己在职场上擅长使用 SEM 搜索引擎的契机，以相关话题申请成了"在行"平台的行家。很快就收到了一位来自新西兰的老板对我这个话题的预约，我以为从此人生会大不同，但后来发现也没有什么变化。

于是我开始思考如何更好地把自己正在做的事情和这个平台进行结合。

注意力在哪里，能量就在哪里。我发现可以导流自己的用

户到这个平台去报名课程，从而达到三赢的效果。

大家都知道，平台也好、个人也好，企业拓客的成本都是很高的，我觉得自己的这个想法对大家来说都是好事。后来的结果是，平台发现我介绍过来的客户数量很可观，很快就安排了专门的人来和我对接，一有什么活动就会第一时间告诉我。

有一次，平台推出了一个活动，有200张优惠券，希望我们行家能够分发给用户，让用户来使用优惠券。

刚好我的时间管理课程正准备推出新的一期，于是我让每一位想要报名的用户都通过"在行"进行注册，领取优惠券之后再来报名课程。

不到半天的时间，200张优惠券就被用完了，"在行"整个平台都震惊了，被我的实力震惊了，由此我也拿到了"在行"全网排行榜第一的数据。

由此，不但"在行"这个平台的人认识了我，各领域许多知名人物也认识了我，我也由此拥有了各行各业的人脉。

受此启发，我发现一个普通人想要迅速崛起，确实需要有一些背书。

我们自己的平台也有各种各样可供大家背书的标签，比如"金牌授权导师班"，大家报名学习后就可以获得相应的背书，比如每一门课都会有各种各样的运营身份，方便大家学习完之后去为自己背书。

前面提到的案例里，相信大家也看得很明白，普通人打造个人品牌，如果想要借力传播，有以下三种方式：

- 借助自己过往的职场、人生经历。
- 借助平台的势能。
- 借助大咖的标签和背书。

我们先看第一种方式：借助自己过往的职场、人生经历。

我做咨询的第一个话题是：SEM搜索引擎营销。其实就是借助了我最开始的职业生涯的积累。

在职场时，我希望自己能拿到的身份是互联网运营总监，在我开始打造个人品牌之后，我还没有拿到这个身份，但我已经意识到了职场身份背书的重要性。于是，我一边打造个人平台，一边跳槽到新的岗位，用了一年时间，最终拿到了这个身份。

很多人在打造个人品牌的时候会有这样一种心态，那就是要和自己的职场经历完全割裂开。我的建议是，不必完全丢弃职场的经历，你可以借此梳理一下自己的过往，梳理出可用的标签用起来。

我们来看第二种方式：借助平台的势能。

在打造个人品牌的五年时间里，我见过无数个借助平台的势能，成功打造个人品牌的例子。

如果你想要借力平台，你的心中要装有平台。

我有一个朋友，他在最开始打造个人品牌的时候，借力了当时还算比较火的一个平台，也获得了不少的流量曝光和势能的积累。

他是这样做的。先是策划了一场一年要见100个牛人的活动，然后找到了平台，特意去拜访平台的负责人，希望平台的负责人可以给予他一个首席采访官的背书；平台方面的好处是，他会把这个背书和活动进行结合，并且在全网进行曝光慢慢积累势能。

有没有发现，他的这个行为跟我与"在行"的联系是很像的，先思考自己对平台有什么作用，再把自己的活动跟平台进行结合。

我再画一下重点，要先考虑平台的好处，再考虑自己。

我跟十点读书课堂的合作也是如此。我的课程顾问告诉我，十点读书课堂会挑一批在平台有课并且出过书的老师一起策划一场活动，但是老师要自己承担购书的成本。

听完后，我马上就答应了。紧接着我就去联系出版我图书的出版社，让出版社提供物流支持，成本全部由我来承担，最后课和书总共卖出了5000多套。

我有一个私董叫Sunny，她最开始只是千聊的用户，但因为给千聊带了不少流量，而且在群里积极互动，最后也跟千聊有了深度的合作。

千聊最需要的是新用户和导师资源，无论是把用户导流过去还是介绍导师到千聊讲课，她都做得尽心尽力，因此也获得了千聊给她的身份背书。

以上的故事其实就很像我们借助公司的平台去做有利于公司的事情。这一切都以完全不求回报为前提，但最后都一定会有意想不到的收获。

事实上，很多人在职场上都是能偷懒就偷懒，表面上看起来对公司有损害，实际上浪费掉的是自己的整个人生。

我们来看第三种方式：借助大咖的标签和背书。

联系大咖最直接的方式有三种：

第一种：花真金白银为他付费，去融入他的圈子，其实这也是一种你更好地了解大咖的价值观是否和自己一致的方式。

我常常会收到别人发来的私信："Angie老师，我特别喜欢你，能否有机会加入你的团队？"

这时候，如果我反问一句："那你一定上过我的课、看过我的书吧？请你先发我一份笔记给我，我们再深入了解吧。"我想，这句话说出去后，可能就已经淘汰掉了一大半的人。

书随处都可以买，课随时都可以上，如果你那么喜欢我，为什么不用实际行动来证明呢？

第二种：心中装有大咖，遇到对大咖有帮助的一切资源第一时间想到对方。

我常常会给我特别喜欢的大咖推荐我手上拥有的一些媒体资源，也常常会在我的朋友圈、课堂上去分享我所喜欢的老师的动态。

第三种：主动付出，为他做一些事情。

我的员工几乎都是我从我的课程社群里面找出来的，无一例外。他们的共同特点是：在没有获得一定能加入我的团队的承诺之前，尽自己最大的努力在群里面去帮助其他的学生，由此被我和我的团队发现进而加入我们的团队。

如果正在看这本书的你，跟我一样已经成功打造了自己的品牌，甚至创办了自己的平台，那么你一定要注意给所有的学员梳理出统一的品牌背书名，比如我 2021 年底起盘的新项目轻创圈，统一的身份背书是轻创圈教育合伙人。

其实，学员在用我们的标签背书的同时，也是为我们这个圈子赋能，所以我也非常感恩我的学员，遇到你们是我最大的幸运，也正因为你们的存在，才让我和我所创办的平台能够做得越来越好。

一个人的能力是有限的，但是我相信通过影响优秀的人，我们能够一起影响更多的人。

个人微信号价值：分享式新商业时代来临

我们都知道，如果在一家每天人流量 1 万人的商场里租下一间店铺，租金、店铺装修、人工加上铺货，整个成本太高了。如果刚好碰到疫情这样的黑天鹅事件，更是亏到血本无归。

假设我告诉你，我有办法帮你在离家最近的地方免费开一家商铺，这家商铺，只要你好好经营就有机会实现每天的人流量成百上千，甚至是上万，而且无论你想卖什么样的产品，都会有新商业的逻辑帮你去销售和经营，成功实现商业变现，你有兴趣吗？

如果你的答案是有兴趣，那我告诉你，个人微信号就是这么一家有价值的免费商铺，甚至足不出户就可以把这家商店给开起来，但是你却一直不重视。

目前微信 App 最高可以添加可正常观看朋友圈的好友人数为 1 万个人。

先说说我们的数据，我和我的团队加起来有超过 20 个个人微信号，每个微信号的用户数都超过 5000 人，那么我们这些个人微信号加起来就是超过 10 万人的私域流量矩阵。

这个矩阵是我的所有新商业布局里面最值钱的一部分。

更重要的是，每天都会有人通过各种渠道被我们吸引过来添加我们的个人微信号。

看到这里，我想要问你，你的个人微信号有多少用户？

你可以先打开你的手机，点击微信通讯录拉到底部看一看你的数据是多少，我再继续告诉你以下几组真实数据：

· 我在最开始打造个人品牌、月入五位数的时候，我的微信好友人数只有 600 个左右。

· 我的私董将要博士月营收五位数的时候，他的微信好友人数只有 200 个左右，月营收六位数的时候，他的微信好友人数只有 500 个左右。

· 我的私董思悦在营收六位数的时候，微信好友人数只有 500 个左右。

这样的例子有很多，这些例子百分之百都是真实的。

在写这本书的同时，我们开始布局公域流量，在过去五年多的时间里，我们全凭一步步经营私域流量达到了目前大家所看到的营收数据。

当然，商业模式很重要，本书也会从多个维度告诉大家，有价值的商业模式才有可能带来真正的价值。但这并不妨碍你去积累个人微信的私域流量池。

我有两个私董，他们在加入私董会之前完全没有意识到要去经营自己的私域流量，所有的用户都是留存在公域平台上。

如果他们在更早的时候把用户引到个人微信号上，现在的营收数据至少会翻10倍以上，这还是保守估计的数据。

在我看来，你的个人微信号有以下六大价值。

个人微信号的第一大价值：将公域平台上的流量引到私域中。

如果你在全网任何一个公域流量有超过1万用户的积累，请一定要把用户都引流到个人微信号上来，甚至是在刚开始经营的时候就要有相关的动作。

我的私董大象姐姐，她在认识了我之后还没有上过任何课程就直接加入了私董会，加入私董会后，我帮她把小红书的流量通过重新梳理引流路径，把用户最大化转移到了她个人的微信号上来。后来，她的营收直接从每月1万元到了月营收10万元。

原来，大象姐姐的导流路径是，小红书里的用户可以添加她的个人公众号，在公众号后台回复关键词即可领取价值三位数的福利。

在我的指导下，她的导流路径变成了：小红书用户可以直接添加她的个人微信号，再由个人微信号引导用户关注公众号，再在公众号后台回复关键词就可以领取相关的福利。

两者的最大区别是，前者用户在领取了福利之后就再也不会去添加个人微信号了。而后者确保了每一位用户都优先添加个人微信号，同时为了领取福利，又主动去关注公众号。

这样，大象姐姐既可以继续在公众号里累计用户数来接广告，同时也可以增加个人微信好友数扩大自己的私域流量池。

接下来我们讲个人微信号的第二个价值：我们的个人微信号都有朋友圈，朋友圈就像一本我们的人生杂志，而且是带软植入广告和硬植入广告的人生杂志。

先问你一个问题，你喜不喜欢看杂志？我个人是非常喜欢看杂志的，而且也常常会因杂志的推荐去购买相关的产品。

一个优质的朋友圈不正是如此吗？

我再问大家一个问题，当你添加了你感兴趣的人的微信之后，你的第一个动作是什么？

如果是我，我的第一个动作是去翻看对方的朋友圈。

同样，别人也会先翻看你的朋友圈。

所以你一定要好好经营自己的朋友圈。

关于如何经营好朋友圈，我在《副业赚钱》和《副业思维》这两本书里面都有相关的论述，这里我会继续来做一些补充，我希望每个人都能够对号入座，把这篇文章当作自检清单一样来好好检验自己的朋友圈是否有价值。

先分享一个概念：滑梯效应。

你坐过滑梯吗，或者你看过别人坐滑梯吗？

当你从滑梯的顶部滑下来的时候，想停都停不下来。

很多人加了一个人的微信后，第一件事就是翻看对方的朋友圈，而且会忍不住从头看到尾。常常会有人给我发私信，告诉我在添加了我的个人微信号后，花了一整晚时间把我的朋友圈都看完了，感受就是想要更加深入地了解我。

建议大家收集朋友圈经营得好的榜样清单，可以从以下几个方面去列这份清单：

· 榜样的名字。

· 榜样的朋友圈好在哪些地方？

· 你觉得榜样写得特别好的、最有代表性的朋友圈有哪几条？你可以截屏保存后放到榜样清单里来，甚至可以手抄榜样的文案。

· 你计划如何跟这个榜样进行联系？是付费向他学习，还是向他表白他的朋友圈是你学习的榜样？无论哪一种都可以尝试，也许会有意想不到的收获。

模仿是最容易的，不要一上来就想着创新，先去模仿。

当然，我希望这一份榜样清单不是只有一个人，而是有五到十个人。

这样，你就不是在模仿一个人，而是在模仿一批有结果的人。

接下来我们讲个人微信号的第三个价值：让他人对我们产生信任。

这点内容在《副业思维》这本书里面有比较详细的讲解，这里我只做一些总结性表述。

卖产品前，我们先要卖的是自己，比起让大众对我们的产品产生信任，更重要的是让他们对我们产生信任。

所以朋友圈千万不能只有产品相关的介绍，还要有我们自身的多方面展示。

更详细的讲解在《副业思维》一书中营销心法篇的《朋友圈营销：什么样的朋友圈内容组合最吸睛》这一节。

接下来我们讲个人微信号的第四个价值：可以分享你的故事，让别人更了解你。

举个例子，我们想要晒某一位学员的好评，最好的方式是对对方的故事背景进行描述，再结合一些数字化的结果进行展示。

关于故事如何写，大家可以参考本章第二节的内容。

接下来我们讲个人微信号的第五个价值：重要信息展示的窗口。

在过去分享朋友圈该如何写的时候，我从来没有在排版上过多强调，但是我发现真的有很多人在排版上做得不够好。

同样一篇文章，有排版和没排版的区别太大了。排版做好了，就能将重要信息充分展示给他人。

在排版上需要做到以下几点：

·每两行就要空一行，而且段落和段落之间空一行，这样看起来会比较清爽。

·朋友圈标题要有吸引力。朋友圈是折叠的，如果想要让用户把朋友圈看完未显露出来的内容，一定要将比较重要的信息放在开头。

·评论处可以为朋友圈内容做一些适当的补充。

接下来我们讲个人微信号的第六个价值：促进用户购买你的产品。

这个世界上绝大多数人都没有到要拼天赋的时候，大多数情况下,我们没有成事是因为努力不够。所以关于朋友圈的经营,我们可以给自己定一些要求,比如每天至少要发五条朋友圈,每次发布朋友圈之前一定要反复修改几次,直到自己满意。

如果你想让自己的直播效果更好,朋友圈的分享一定要到位,因为有不少看了直播的观众会重新来翻看你的朋友圈,看你是否一直在做相关的事业。如果有人长期关注你的朋友圈,那么在看完你的直播后,就更容易去购买你的产品。

可以说,经营朋友圈真的是一件有百利而无一害的事情了。

朋友圈的文案是我们每一个普通个体锻炼自己写作能力最好的方式。如果我们养成了每天发五条朋友圈的习惯,即使最后仍然没有把商业做好,但是这种写作的能力一定能够在整个过程当中锻炼出来。

我团队的小伙伴便是如此,最开始加入我们团队的时候特别不会写,但是在我的要求下,每天都坚持去写朋友圈。两年过后,他们自己都不敢相信,原来自己能够写出那么多那么好的文案。

我常说写作的能力、演讲的能力、分享的能力都没有太多技巧,更多的是在掌握一些方法之后反复练习,只要你勤勤恳恳地做好练习,时间自然会给你答案。

我知道,有一些用户确实非常不擅长分享自己的日常,尤其是男性用户。如果你确实没法做到通过更新自己的日常动态来经营朋友圈，那有没有必要再把用户积累到你的个人微信号上来呢？还是有必要的。有句话说"留得青山在，不怕没柴烧"，只要你用心去经营，最终这些用户都会给你带来意想不到的巨大价值。

所以，如果你不擅长经营自己的朋友圈，你可以安排助理来运营你的朋友圈。千万不要放弃朋友圈这块"风水宝地"。

回到开头提到的，比起让你把资产投入到商场的商店中，不用花钱把你的"个人微信号商店"经营起来是最划算的。所以，我想再一次跟你强调，尝试把个人微信号经营起来，未来的你一定会感谢现在推动你做这件事情的我。

亲爱的读者，读完本章内容后，你最有收获的 1 ~ 3 个点是什么？

第一点收获：

第二点收获：

第三点收获：

受本章内容的启发，请写下属于你的 1 ~ 3 个行动计划。

第一个行动计划：

第二个行动计划：

第三个行动计划：

第五章

新 商 业 产 品 成 交 篇

成交信念：成交是爱与价值的传递

　　我从事线上教育的第三年，才开始把自己打造个人品牌的这些方法进行提炼和总结，然后通过"价值变现研习社"教会大家如何成功打造个人品牌。

　　在那之后，我们还孵化了各种各样的项目来帮助学员成功打造个人品牌，报名我们这些课程的用户成千上万，我经常收到的一类表白是："Angie 老师，感谢你在我犹豫不决的时候帮助了我。"

　　我还收到过类似这样的私信："Angie 老师，兜兜转转，我又回到你的身边跟你学习了。你当初为什么不坚决一点帮助我，这样我就不会浪费掉跟其他人学习的时间和金钱了，还可以更快拿到成果。"

为什么我现在每推出一款产品，都可以毫无压力地询问老客户是否要报名，以及信心十足地推销给新客户呢？

是这一次又一次的真实表白给了我足够的力量。

我知道如果你不买我的课程，还是会买其他人的课程，我又无法保证其他人的产品质量，而我对自己的产品很有信心。

正在看书的你，请回忆一下，你有没有遇到过与别人的交流只是一问一答，而且很快就结束了对话的情况？这是因为你们之间没有产生商业关系。

如果对方为你的产品付了费用，你的责任感会促使你做好进度的跟踪，而且，你的各种服务也同时会规范起来。

我的私董晴山，她是知名的出版人，在认识我之前她其实已经在知识付费这个圈子里学习了挺长一段时间。

她来这个圈子学习的目的很简单，是为了联系到更多能够出书的作者，然后帮助他们出书。因为她本来就是出版社编辑，有出版图书的任务考核。但她从来没有想过要打造个人品牌进而变现。认识了我之后，我对她说："你简直就是一个巨大无比的宝藏，你应该将这些事情商业化。"

她在听了我给她的建议之后马上问我："Angie 老师，你最高级的产品是什么，我要成为你的最高级会员。"

大家有没有发现，在整个过程中，我并没有向她做推销，但是因为我给她提供了完全不一样的个人品牌建议，所以她主动要购买我的产品。

可能你会说，这样的成交太容易了，是对方主动要成交啊。

我想告诉你，在你没有悟透成交背后是爱和价值的交换的情况下，即便有人主动要求成交，你都会拒绝。

还是拿晴山为例子。加入价值变现私董会后，在我的指导下，她很快推出了单价5万元的私教服务。

我的另一个私董孔蓓，她有出书的需求，预约了晴山的一对一咨询，因为晴山的服务太好了，孔蓓主动询问，让晴山指导自己出书，并且愿意给晴山付费5万元。晴山支支吾吾地报价了，却一直不好意思把收款码发给孔蓓，最后在孔蓓的"逼迫"之下，收了这笔款。

看到这，你会觉得可笑吗？可以回忆一下，你有没有过不好意思收红包的经历？如果有，未来你也很可能会和晴山一模一样。先从收每一笔别人发给你的红包开始，因为你值得、你配得。

晴山后来告诉我，商业化经营后感受真的太不一样了，倒不是说有多功利，而是没有商业化之前，自己很难想到可以流程化、商业化去服务，所以整个服务就比较随意。

但是收了费用之后，自然而然就会去学习如何更系统地设计交付的流程和去追踪对方的效果，而且她有个意外的发现，付了费之后，两个人的连接更紧密、关系更深入了。

我还有一个朋友小琳，是葡萄酒经营商，知道她卖酒后，我们第一时间要支持她。

可是她完全不接受我们的支持，每一次都要给我们送葡萄酒。一开始大家都很开心，也会发朋友圈一起宣传；久了之后还是不收费，我们就不好意思了；最后大家慢慢就不喝她家的酒了。

试问，如果你有个朋友卖酒，每次想要买酒的时候就找她，结果她每次都赠送给你，三番五次之后，你再想喝酒的时候还会找她吗？

不会的，你会不好意思。

如果你刚好是一位业界的品酒师，你喝出了她的酒有提升的空间，但是她一直免费送给你，你还敢给她提建议吗？

商业才是最大的慈善，如果这个世界上没有商业、没有成交，这本书也就不复存在了，因为商业就是价值的交换和呈现，无商业也就无进化。

看到这里，你可能会问，商业怎么会是最大的慈善呢？我再来讲个故事。

有 A、B 两家餐馆，两家餐馆的餐食品种差不多，味道也差不多，而且两家餐馆都有三个员工。

最大的区别是：A 餐馆是营利性质的餐馆，B 餐馆是免费的餐馆。A 餐馆的员工收入比 B 餐馆的高。

我想问你，如果让你选择，你会去哪家餐馆吃饭？

我相信大部分人的第一反应是，肯定去 B 餐馆吃饭。

接下来的故事非常精彩。A 餐馆因为是收费的，所以有足够的工资支付给员工，菜品的质量有保证，而且顾客常常会针对菜品的味道提出建议。也就是说，A 餐馆能收到使用产品的用户的反馈，所以 A 餐馆的味道越来越好。

B 餐馆因为免费，所以吃饭的人特别多，常常还要排队，而且因为是免费的，所有的人吃完之后都不好意思给出任何的建议，B 餐馆的菜品味道有的时候还会因为人太多而变差。

我想问你，你最终会选择哪个餐馆？再增加一个条件，假设你要带朋友去吃饭呢？

相信超过 80% 的人最终会选择 A 餐馆。

如果这个世界完全不具备商业属性，最后没有竞争、没有反馈，产品质量也不会得到提升，慢慢整个行业都有可能没落。

当然，我所举的例子会相对极端一些，事实上还会有各种复杂的因素在里面。

但是我希望通过这样的例子，让大家能够清晰地看到，商业的存在是合理的，而且商业是最大的慈善。

你希望不断地赚钱去持续投资自己，让产品越来越好，并且让这个好的产品去帮助越来越多的人吗？

你赞同这样才是正向循环吗？

其实，这篇文章的标题本身就带有能量，我有很多的读者、学员在听到这个概念的时候都热泪盈眶，因为真的有很多才华横溢的人，最开始的思维误区都是谈钱伤感情，能免费则免费，但事实上，成交才是爱和价值的传递。

当然，任何观点都不可能是所有人都赞同的，所以你也不可能让所有人成交，但是我们把正确的理念传播出去，就是在为新商业模式去贡献自己的一份真知灼见。

我常常会把我的忠实用户的产品分享给身边的很多人，当然所有的产品一定是我自己亲自体验过确认不错的。

愿每一个人都可以反复打磨自己的产品，把爱和价值传递给更多的人。

这个商业世界会因为你的存在而变得更加美好。

第 二 节

无销售成交：如何让用户追着你成交

2021 年 9 月，我推出了我的新项目"轻创圈教育赋能平台"，这个项目我们反复打磨了接近一年时间。

确定要推出后，我决定要给老学员最优价格，因此为这个项目办了一场封闭式直播发售活动，只有少量用户能够看到这一次的直播。第一天的直播是以我创业五年以来的十大心法作为主要的分享内容，其中还详细讲了这些年来我们是如何一步步把产品矩阵布局完善的。

因为是封闭式直播，这一场收看的人挺少的，大概只有100 多个在线用户，但是我们的成交数据非常不错。

产品定价是1万元，有30人购买就是很好的数据了，结果，我们的成交额接近百万元。

不仅新项目有很多的学员报名，就连我们的其他课，比如价值变现私董会和顶级商业模式咨询也都有人纷纷购买。而且都是用户主动找我们成交。

就拿直播现场来说，我记得当我分享到接近两个小时的时候，就已经有用户在留言处问："Angie老师，你们的新平台到底是什么，定价到底是多少，能不能尽快介绍，我想加入。"

而且，当这个用户提出他的需求之后，不少其他的用户也纷纷表示想让我尽快进入介绍新产品、新平台的环节。

我让大家耐心等待，在课程讲完之后，才推出新平台。当我还在讲解新平台时，原定的30个名额就已经报完了，最终一共有37个人报名。

另外，还有用户在听完我们的整个商业布局的拆解课程后，对价值变现私董会和顶级商业模式咨询产生了浓厚的兴趣，主动联系了我们，想进一步了解，并且毫不犹豫地下单购买产品。

看到这里，你是不是迫不及待地想要问我，如何才能做到无销售成交？借这篇文章，我把方法分享给你。

第一点：如果满分是十分，分享为八，成交为二。

如果你的成交做得很吃力，除了要反思产品质量是否过关之外，更重要的是，要问自己有没有为自身和产品加大曝光量。

最高级的销售是卖自己，每个人都知道卖产品之前要先卖自己，所以不仅是产品，我们每个人也都要有足够的曝光量。

为什么成功打造个人品牌的人更容易成交？是因为在成功打造个人品牌之前，他一定经历过大量的曝光和分享，已经和用户建立了深度的信任。

这就有点像是我们购买实体产品，如果我们购买的是一款从来没有用过的产品时，第一反应一定是去购买那些知名度高的产品。

这些知名度高的产品前期已经做了大量的广告曝光，广告也是分享的一种形式，既然有打广告的实力，产品的品质应该也不会差到哪里去。

以我自己的平台为例，从周一到周五，无论是我们的朋友圈、视频，还是直播分享，比起周末都会多很多，所以我们平时的成交比周末多很多，但是如果周末有活动，周末的成交又会有一个集中式的爆发。

这里的分享含两种形式，一种是长期以来的持续型分享，另一种是为了发布课程集中造势的密集型分享。

无论是哪种分享，对于我来说都有一个非常深刻的感受，那就是越分享越有成交量。

第二点：分享要围绕我们想要成交的产品展开。

有一个很有趣的现象，有个学员在听到我"分享为八，成交为二"的理念之后，就开始大量进行各种主题的分享，但是成交状况依然不好，她找到我，让我帮她分析原因。我告诉她，你成交得好才是一件很奇怪的事情。

因为我发现，她分享的所有内容都跟她所要销售的产品没有多大的关系。

就比如说，如果我今天想要销售的产品是时间管理课，但是我花大量时间在讲如何打造个人品牌的干货，销量一定不会太好。如果我讲的是作为一个女性如何兼顾事业和家庭这个主题，而且引用大量的事实证明，我能兼顾事业和家庭是因为我拥有时间管理能力，那么，我就可以通过讲故事的形式分享我的现状，把这套课销售出去。

种瓜才能得瓜，种豆才能得豆。

你用什么主题吸引过来用户，一定要成交对应主题的产品。

第三点：中低价产品要限时限量。

先说一下，在我的产品矩阵中，低价的产品是价格万元以下的产品。

不同的平台对价格的定义是不一样的，如果说你是刚起步打造个人品牌，那么你的高价产品的定价最好别超过 1 万元，你的中低价产品的定价最好在 2000 元以下。

如果你推出的是中低价的产品，可以在价格上制定一些促销政策，让那些新人享受到更优惠的价格，从而加入我们的平台。

这篇文章开头讲到的轻创圈案例便是如此，我记得当时我们有一位轻创圈的合伙人叫心蓝。她说，在听到我直播介绍轻创圈这款产品的时候，她的心理价位比我的定价多了一倍。所以当我说出价格的时候，她毫不犹豫地就报名加入了。

第四点：高价产品要从用户的角度出发，真诚为用户解决问题。

我有一个习惯就是每年都会拍一套形象照，有一年年底，我突然发现自己没有排出时间去拍形象照，于是在朋友圈发布了一条近期会安排去拍形象照的动态。

结果马上就有一位朋友靓姐发私信跟我说，她的工作室刚好有形象照活动，邀请我过去拍形象照。

那一天因为刘先生刚好没事，我就让他送我过去。一到靓姐工作室，我们就聊起了如何转型打造个人品牌相关的话题，靓姐问了我好几个问题，我都毫无保留地把我的见解分享给她听。大概在聊到 30 多分钟的时候，靓姐说了这么一句话："我要加入你的私董会。"

后来靓姐告诉我，因为从那次聊天就可以感受到，我一定能够帮助她解决问题。

当天靓姐就给我们转账成了我们的私董会成员。

所以，当你真诚地为他人着想，帮助他人解决问题时，成交会在不知不觉中发生。

第五点：有足够的耐心培养深度的信任。

我有不少用户是在看了我的一场直播后就跟我进行了深度联系，更多的用户则是在观察我长达四五年之后才下定决心要跟着我学习。

我有足够的耐心等待大家，我也很开心不少用户在选择打造个人品牌的老师的时候会想到我。这种感觉就仿佛是"我一直在灯火阑珊处等你，而你任何时候回头我都在"。

时常会有学员跟我说，这长达四五年的时间里，看着我一步一个脚印走到现在。每每收到这样的留言，我就会特别感动，这些用户往往只要下定决心学习，就一定会报名我的课程，和我深入交流，而且往往会后悔为什么当年没有下定决心来学习。

我相信一切都是最好的安排，我也立志成为值得大家信任的人。即使你现在没有来报名学习我的课程，一旦未来想要开启副业、打造个人品牌，有成长的需求，你也会第一时间想到我。如果你身边的朋友有相应的需求，你也会把他推荐给我，因为我在你的眼皮底下成长了那么多年，是你最值得信任的平台和老师。

越分享，越幸运；越分享，越富足。如果你想要在成交上毫不费力，你就要在分享上毫无保留，真诚才是最大的"套路"。

以上五点是比较具体的方法，除此之外，我还要再分享两个概念。

一般用户愿意成交的心理状态，除了前面提到的相信你，还要相信他自己。

如何让用户相信他自己？

第一点：大量的客户见证。

常常会有学生告诉我，我讲的例子和对方的背景特别像，所以更加相信自己也可以在我的指导下实现目标。

这意味着我们一定要收集不同类型的故事才能够更好地吸引来新客户。

第二点：把客户的担忧在分享的过程当中主动提出来。

比如在销售时间管理课程时，我常常会讲一个这样的案例：有学员告诉我说，他没有时间上我的时间管理课。我回答他，这种情况下，就更要上我的时间管理课了。

我每次把这句话讲出来的时候，就有很多用户有一种恍然大悟的感觉，随即购买时间管理课程。

我举这个例子是想说明，任何人在做出购买决定之前都会或多或少有一些担忧。这个学员之所以觉得没有时间上我的课，正是因为他不懂如何做好时间管理，那就更有必要上我的课了。

很多用户是相信你的，但是他不相信他自己。

所以我们在分享的时候，不妨加入一些学员的案例，证明大量的用户在还没有学习之前其实都会经过一段不相信自己的心路历程，然后因为勇敢地踏出这一步最终才有了现在的结果。

 大量客户见证

把客户担忧在分享过程当中主动提出

◆ **无销售成交**

我在讲我自己的故事的时候，也会反复地跟大家分享，我在还没有行动之前也是同样缺乏信心的，但是真正行动起来之后才拥有了现在的一切。

相信比不相信会产生更多可能性。

你只管做好持续而有价值的分享，其他的交给时间。

直播带货: 移动互联网时代, 人、货、场如何无缝打通

2008 年误打误撞进入互联网行业, 给我整个事业积累带来的最大帮助之一是, 我成了用数据说话的人。

先公布一个和直播有关的商业数据, 我们项目整体的年营收超过 50% 是由直播带来的。

怎么去理解这个概念呢?

·持续直播分享, 让用户看到了一个真实的我, 有一定比例的用户是在连续看了许多场直播之后, 才最终成为我们的学员。

·通过直播带货（课程），我们最高的一场直播的成交额是七位数。

这个数据对于普通人来讲，算是很可观的一笔营收了，但对直播行业来讲，真的不算什么。

那么，作为个体如何借势直播去扩大自己的新商业影响力呢？我会借今天这篇文章给大家从多个维度进行拆解。

拆解的重心是教育类知识付费行业，其他的行业也可以从中学习、借鉴。

第一，如何选择适合自己的直播平台？

如果你和我一样是做线上教育知识品牌板块的，在直播平台选择上我比较推荐两个平台。

一个是人人都能用的微信视频号。

微信视频号的优点是：

·互动的方式比较多：可以设置发红包、抽奖、观众点赞以带来热度，也可以直接打赏。

·直播商店上架产品：可以在自己的小商店上架产品，比如我可以直接上架各式各样的课程产品。

·平台流量扶持：有机会获得视频号的推流，观看这场直播的人自身也能带来一定的流量。目前的机制是，如果一个月直播 30 个小时以上会获得官方平台的流量扶持。

微信视频号的缺点是：

·产品定价限制：企业端的小商店对产品的价格是没有限制的，但个人的小商店只能设定 2500 元以内的产品定价。

·直播形式单一：只能出现人，无法展示 PPT，当然使用技术手段还是可以有 PPT 或者是文稿的呈现的，但视频号平台本身不具备这样的功能，需要我们另外从技术上去做准备，会复杂很多。

另一个是付费才能够使用的小鹅通平台。

小鹅通平台的优点是：

·多种直播形式：可以个人直播、连麦，可以人和 PPT 同时出现。

·产品定价范围高：定价最高可以设置成 10 万元。

小鹅通平台的缺点是：

·无平台流量扶持：无法形成流量势能，只有收到链接宣传的用户才能够看到直播。

　　·互动方式单一：不像视频号有多种互动方式。

　　截至目前，我们大部分的产品直播发布会都会选择在小鹅通进行，虽说没有办法获得平台流量的扶持，但是满足了我们要推高价产品，并且 PPT 和人可以同时出现的主要诉求。

　　我和我的创业导师还交流过，事实上，我们的产品价格相对是比较高的，基本在四位数以上，一些完全陌生的用户很难在直播间爽快下单，所以权衡之下，我们选择了像小鹅通这样的直播平台。

　　每个人可以根据自己的需求进行选择，如果你的产品本身的定价只有几十、几百块钱，而且也不需要 PPT 进行辅助讲解，建议大家采用微信视频号直播。

　　如果你的产品定价是偏高的，并且更多的是相对熟悉的用户来看直播分享，有人和 PPT 同时出现这样的诉求，建议你优先选择小鹅通这样的平台。

　　选择什么不是最重要的，根据自己的需求来找到适合自己的平台才是最重要的。

　　第二，直播带货的过程中有哪些注意事项？

　　这个部分我会从直播前、直播中、直播后三个部分进行展开。

直播前：

·直播间的设置非常重要，关键点有三个：一是一定要保持环境的安静；二是直播间的背景图要做适当的安排；三是直播的设备要准备妥当，比如用直播灯打光，还有用来做直播的手机要提前充满电，提前调试好。

·主讲老师一定要提前确认一切都没有问题，并熟悉直播时所有的操作步骤，如果有连麦嘉宾的需求，需要提前与连麦主播进行测试。通常我们会写一份连麦嘉宾须知清单提前发给连麦主播，让连麦主播做好准备，确保连麦顺利进行。

·小商店提前上线直播带货产品。

直播中：

·如果你跟我一样在做教育类产品，建议直播时主讲老师单独在现场就行，因为我们需要分享大量内容，如果有多人在现场会形成干扰。当然，带货直播不一样，需要配合的人很多。我每一次做直播，直播现场都只有我自己一个人，我的团队成员会在其他的办公室配合。

·除了做直播的手机，一定要另外再准备一部手机，以便在直播过程当中出现问题时能够跟自己的团队成员进行联系。

团队成员如果有任何想要跟主播进行沟通的细节，不要给主播发微信，而是应该写出来，然后直接展示给主播看。

直播后：

·每场直播结束之后，团队一定要进行复盘，复盘自己在直播中做得好的地方，可以继续应用到下一场直播当中。

·如果是直播当中还有需要改进的地方，一定要把它清清楚楚地写成一份清单，并且在下一场直播中进行优化。

一场直播其实就像是线下的一场新品发布会，要准备的东西虽说不多，但也需要做好充分的准备，要不做就不做，要做就按专业标准去做。

第三，主播人选如何做到合理安排?

我们每一次精心设计过的带货直播，在主播人选上都会有相对丰富的组合形式。

以卖课程产品为例，产品的创始人或者是主讲老师，一定是这一场直播活动最重要的主播。

以三天的连续直播为例，我一定是第一天重磅出场的主讲老师。

第二天，可以由我和我的核心学员比如价值变现私董会的私董或者是轻创圈的合伙人作为直播主讲老师，或者让他们作为我的连麦主讲老师。

很多用户在听完我讲解一些客户案例之后，虽然是相信的，但如果能够亲耳听到案例里的主角现身说法，这种说服效果会更强。

第三天，可以让团队成员跟核心学员比如价值变现私董会的私董或者轻创圈的合伙人进行采访式连麦。

为什么要安排团队成员进行采访式连麦呢？因为这样可以让用户感知团队的实力，不是只有主讲老师是厉害的，团队成员同样也都很强。

第四，直播的内容如何设置才能够既让听众有收获，数据又漂亮？

直播分享和正式上课还是有很大的区别的。在这里，我会从直播各部分内容以及每部分内容的占比上去讲解，让你对直播过程当中如何合理分享有更加清晰的了解。

直播内容的整个分享顺序，我一般是这样设置的：

·讲自己的故事：无论是熟悉还是不熟悉的观众，都更容易通过开端的故事进入看直播的状态里，这部分的占比为10%。

·和主题相关的干货分享：这部分占比为30%，一定要分享干货，尤其是方法的总结，以及跟主题相关的一些概念、做法。信息泛滥时代，有干货才能够吸引到认知高、同频率的人。

·和主题相关的案例：这部分占比为20%，客户案例能够提高用户的信任度，而且也能够让用户看见这一套方法不只是适合个人的，而是具有普适性的。

·直播互动：这部分占比是10%，直播过程中要不断地跟看直播的用户进行互动。我一般会在直播的过程当中，直接喊跟我互动比较多的用户的名字，如果对方有问题，我也会非常直接地回答，而不是逃避或者避重就轻。我发现在直播间比较活跃的人，最后购买产品的可能性都很大。

·讲讲自己的教育理念、人生使命：这部分占比为10%。人们会为你的梦想买单。你的梦想越大，你能影响的人就越多。

我希望每一位新商业个体都可以好好思考做这件事情的终极目标是什么，如果没有想明白，可以分享自己在帮助学生获得成果之后自己的一些想法。

·根据用户的情况答疑并介绍产品：合计占比20%。如果用户对产品更加感兴趣，这段时间基本上都用来介绍产品。如果用户对产品的兴趣度一般，就在答疑的过程当中嵌入产品，最后再详细介绍产品。

10% 讲自己的故事

30% 和主题相关的干货分享

20% 和主题相关的案例见证

10% 直播互动

10% 讲自己的教育理念及人生使命

20% 答疑 + 介绍品

◆ 直播内容分配

第五，什么类型的人或者行业适合做直播呢?

这个答案是：所有人、所有行业都适合用这种新商业直播带货的方式。

无论是社交电商、教育行业，还是线下的连锁机构比如美容院、培训机构、瑜伽馆等，都可以用直播的形式去进行新商业的展开。

什么类型的人适合做主播呢？所有人。但同时我认为有以下特征的人会更适合做主播：

·真诚的人。如果人人都在运用营销套路，那么真诚就是最好的"套路"。我相信真正想做生意的人都不是只想做一两次的，所以我认为这是做直播的人所有的品质里面最重要的一点。

·具备口头表达能力的人。如果你表达不够流畅，那一定要先去练习口头表达能力，这样才能够在直播的过程中游刃有余。

·对所发布的产品非常熟悉的人。当然不是每一场直播都要卖货，但如果需要发布产品就一定要对自己的产品非常熟悉，一个人只有对自己的产品熟悉而又有自信才能够带来不错的销量。

最后，还要再跟你分享一点：如果看到自己身边的少部分人开始在做一件事，但是你又看不懂的时候，只要这部分人是你欣赏的榜样，那你要无条件地跟进。

红利往往是在你意想不到的时候才是最大的，当你完全看懂时，往往跟你就没有多大关系了。

如果你想要赚到大钱，仅仅靠能力是不够的，还要看趋势。躬身入局就是你当下能拿到的最大的红利。

第 四 节

成交主张：如何塑造和放大产品价值

在打造个人品牌的早期，我完全不知道如何对自己的产品进行包装，而且还有一个错误的认知：我认为自己的产品很好，没有包装的必要，甚至在想，我的产品就是这样，你如果有兴趣了就来买，如果你觉得没有兴趣，那可能是我们的缘分没到。

所以早期我的时间管理课程也好，一对一的咨询产品也好，全部的介绍只有产品名字＋我自己的简单介绍＋大纲＋定价。好在早期因为竞争对手少，大家的选择也少，销量一直也不错。

后来，越来越多的人进入这个市场，我发现不少人的产品都经过了多重包装，瞬间就把我的产品给比下去了。

讲到这里，如果你问我，在知道产品可以进行包装的情况下，到底要不要去包装自己的产品，去进行价值塑造呢？我的答案是：一定要。

这就好比你是一个单身姑娘，有人给你介绍了相亲的对象，你会不会好好洗个头，稍微化一下妆、换一件比较漂亮的衣服，再出门去相亲呢？还是说，你就保持宅在家里的样子，穿上鞋就出门去相亲了？我相信一定是前者。

有许多女性，就像我，还有我身边的一些创业者，如果在公司上班，或者是在家带娃，基本上是不会化妆的，穿的也是很休闲的服装。但如果是要去参加活动，一定会精心打扮自己。

我不知道你看到这里会不会觉得意外，我的想法是，如果居家或者只是日常上班，保持干净整洁就好了，我会把更多的时间投入到工作中。当然，也有不少人是哪怕出门倒个垃圾，都一定要精心打扮一番，毕竟每个人的想法不一样。

那么究竟如何去塑造一款产品的价值呢？还是以教育产品为例，从以下维度进行展开：

第一，一定要取一个自带营销效果的产品名。

拿我自己作为反面教材。我的"时间管理特训营"课程就是一个没有包装过名字的产品，虽然这个产品已经为我们平台贡献了 500 万元的营收，但主要的原因还是拿到了早期线上教育的红利。当然，也和我这套课的品质过硬有很大的关系，很多上过课的人都会反复介绍朋友来上这门课。

我在早期做产品的时候就完全没有包装的思维，后来，当这门课已经成为圈内的爆款课，被大家所熟悉时，也就觉得没有必要再去修改名字了。

但是，我那时在宣传这门课的时候增加了这么一句话："30天，带你成为一个更值钱的人。"什么意思呢？就是你可以通过提升时间管理能力让你的时间变得更值钱。这可能也算是一种其他形式的包装吧。

如果你想要开一个人脉训练营，你直接取名叫"人脉经营训练营"，当然也还是会有人买单的，但如果你调整成"黄金人脉创富营"，就会自带宣传属性。前者更加清爽直接，后者把训练营的价值也进行了阐释。

由此可见，产品的包装尤其是名字是非常重要的。

第二，从产品的呈现形式上进行价值的塑造。

早期我在发布我的课程时是完全没有制作海报进行宣传的，就只是发一篇排版很简单的宣传文案。

但是现在不一样了，现在有课程要发布时，我一定会做一张非常抓人眼球的宣传海报，尽可能地做成各种各样的形式，给大家以视觉冲击，让大家产生了解和购买的兴趣。

第三，多个维度对产品进行包装。

换作以前，我们推一门课程只会拼命地介绍这门课程本身的质量有多好，而现在，我们除了介绍课程本身外，还会围绕课程去挖掘用户的痛点，教大家通过学习课程去解决相应的问题。

举个例子，比如我的轻创圈产品。

我会很清楚地把轻创圈成员可以上的课程罗列出来，除此之外，还会把其他相对应的服务比如可以接触高端的社群圈子、能参加密训和线下课等一一列出，从多个维度去讲解这个产品。

第四，从购买人群角度上进行价值的塑造。

很多人在这方面有一个误区：如果把这套课适合的用户类型写出来，可能会限制使用的人群。事实上，这是一个非常错误的观点。当你把用户类型写出来后，用户更容易对号入座，也就更容易购买。

第五，从客户见证的角度上进行价值的塑造。

我们常说，因为看见才会相信。所以，一定要收集用户的好评，然后用文字、图片、视频、直播的形式去呈现，让其他用户全方位地感知我们产品的好处。

在这个环节挑选合适的见证客户非常关键。记住，一定要挑跟我们的产品主题比较吻合的见证客户，比如说你是做护肤产品的，一定要挑现在皮肤状态看起来很好的见证客户；如果你是做减肥产品的，一定要选有明显的减肥前后对比照的见证客户。

像我们教大家打造个人品牌的，一定要选择有变现过程的描述和变现效果的呈现的见证客户。

第六，从定价策略上进行价值的塑造。

把产品每一条的价值通过"一、二、三"的形式罗列出来，做一个价值的总计，最后再做一个限时优惠价的设置。

比如说，合计总价值是 1 万元，限时限量优惠价是 1999 元。

之所以设置限时限量优惠价，是因为几乎所有的人对价格都是敏感的，在高价值的基础上，肯定是价格越低，性价比越高。如果你的产品永远都没有价格上的变动，那用户并不会着急购买，会认为什么时候购买都是一样的。

第七，对主讲老师的背景进行价值的塑造。

你有没有遇到过，课程主讲老师确实很厉害，背景介绍也很厉害，但是跟所要推出的课程的主题并不是太吻合的情况。

所以，非常重要的一点是，卖什么课，就把主讲老师对应的标签提前讲出来，让用户从视觉上就有这个产品超级值钱的这种感觉。

很多时候，用户不是为价格买单，而是为价值买单。所以价值比价格更重要。

这句话怎么理解呢？

比如，我现在突然要向你销售一个定价为10万元的产品，你会购买吗？我在直播间问过大家同样的问题，直播间的观众中有一半的人会说："Angie老师，开什么玩笑，我才不跟你买。"另一半观众会跟我说："那要看你卖的是什么。"

确实如此，如果说我把我在深圳的一套价值千万的房子，以10万元的价格卖给你，而且这是真实的，你会去买吗？你一定会。

换句话说，你付给我10万元，我承诺你一定能够在我的服务期限内10倍赚回这个钱。你会付费吗？你也一定会。

所以，最重要的不是价格，而是价值的塑造，一定要把价值清清楚楚地通过海报、文字、视频，甚至是直播等形式呈现清楚。

如果你能做到这一点，你的产品销量一定会比原来的至少提升3倍以上。

何不去试一试？

我的产品矩阵里定价六位数的产品销量比部分定价四位数的产品的销量还要高，原因就在这里。

在这个时代，时间比钱要贵，所以购买者也越来越精明地意识到，只有产品的价值很高，才会为此买单。

就像我的轻创圈，我在推出轻创圈这个项目的时候，我们整个团队花了大量的时间去梳理这款产品的价值，首场线上直播发售，直播还没有结束，我的团队就告诉我，我们开放了30个合伙人的目标，最终当场付款的有近40位。

也就是说，直播第一天已经超额完成目标了。

你要知道，这一场封闭式的直播最高在线人数只有不到170位，而且产品的单价是五位数，数据已经非常不错了。

在不会做价值塑造之前，我们也做过几场直播，结果发现，不做价值塑造的产品也会有人购买，但是销量很差。

还是那句话，商业不就是反复地进行测试和优化迭代吗？新商业的迷人之处在于，你还可以用这种完全无成本的方式进行反复测试，你一定要试一试。

成交使命：成交只是新商业的开始

熟悉我的读者朋友们都知道，我很喜欢"革自己的命"。

其实最开始的时候我很喜欢主动去做一些挑战自己的事情，借此来锻炼自己的胆量。

在还没有开启副业之旅、成功打造个人品牌之前，我内心的想法不少，可是鉴于胆量不够，很多的事情都不敢去做，于是，我给自己设置了一些挑战人生的计划，其中有一项是，每个月都要去做一件自己觉得很困难，但是又一定要做的事情。借此来提高自己的心力以及挑战困难事情的勇气。

随着我这么做了大概有一两年的时间之后，我发现自己确实在面对很多困难的时候都不会那么害怕了。

这时候我认为挑战需要升级了，于是我又给了自己一个更大的挑战——"去革自己的命"。

挑战自己更多的是做一些困难的事情来提升勇气，而"革自己的命"更多的是去推翻过去自己认为做得对的地方，然后重新出发，去做一些新的尝试和探索。

去推翻自己有多难？真的特别难，别说是推翻自己了，改变自己就很难。

可是创业者，不就是应该要不断地"革自己的命"吗？

如果你不"革自己的命"，未来这个市场就会"革你的命"。

有这样的认识之后，我从方方面面开始梳理平台的商业体系，很快就发现了一个问题。我们公司最开始不怎么开会，现在每周都会开会，遇到问题随时都会发起会议，但是我们好像把重心放在了宣传自己和产品上。我觉得也没有错，因为一家企业要发展，非常重要的一点是要做好销售。而这也恰恰是个体和各行各业的企业所面对的难题，我们把它摆在台面上反复探讨、升级和优化，这本身是非常正确的行为。

但是，我们忽略了一件事，我们不能只把重心放在成交上，我们还需要做好交付。

如何交付，是成交的一个非常重要的板块。当你带着成交使命去做一件事情的时候，你会更容易把事情做好。

我们一定要有成交使命，要有"成交只是新商业的开始"的认知。有了这样一个使命之后，你就会好好地去服务自己的客户，去做好交付，而不是只把重心放在成交上。

当然，倒不是说在此以前我们不重视交付，我一直都非常重视交付，但是我们团队不太会把它梳理为流程。

这篇文章最想跟大家强调的是，从那个时刻开始，我们平台开始把交付这件事情变成了流程。

在交付这件事情上，我们也经历了以下几个阶段。

第一个阶段：交付只由我个人进行。

第二个阶段：交付由我和我的团队共同进行。

第三个阶段：也就是现在，交付已经被梳理成流程。这个部分在我们下一章的第一节有详细的展开，我这里不再细说。

那为什么我们的平台能够保持每年非常稳定甚至是超乎想象的增长呢？是因为在还没有梳理出交付的流程之前，我们一直有这样的一个心态，就是我们在正式课程或者是正式咨询开始之后，所做的向来都比我们公开宣传所承诺的服务要多。

大部分的人是公开承诺很多，但交付的时候办不到，我们是公开承诺10条，交付的时候能做到20条。

我希望大家在最开始经营新商业模式的时候就能意识到这

个事情的重要性，一定要把交付做得超出用户期待。

作为平台的创始人，我收到过不少反馈，有人跟我说，很多其他和我一样做教育的平台创始人是不会出现在自己的课程中的。而我无论是哪个课程，一定会出现，而且不只是打声招呼，而是会躬身入局去参与各个环节。

我很爱分享，也会自我营销，在交付这件事上，我是很认真的。我想把我在交付这件事上常常做的一些事情分享给大家，让大家知道我是怎样去服务好我的客户，持续积累好口碑的。

下文主要以我如何在课程训练营里服务大家为例。如果你刚好和我一样是做教育的，这对你有很大的参考价值。

· 答疑

我们的所有训练营都会设置答疑直播间，方便用户提出自己在学习课程中遇到的困惑，虽然有的课程只安排了半小时的答疑时间，但我却回答了两个半小时的问题。助理跟我说，只需要回答 10 个问题就好，最后我回答了 50 个。每次回答问题，我都是知无不言、言无不尽，以最深的诚意去回答用户提出的问题。

· 诊断

一对多语音诊断是我创办的一种全新的诊断方式，凡是参加我们"价值变现研习社""金牌导师授权班"等社群的小伙伴都有机会获得和我直接通话诊断的机会。我一对一商业梳理的收费是 1 小时 2 万元，光是这个服务，很多学员都觉得值得。

· 一对一点评

正常情况下，"价值变现研习社"MVP 产品点评的环节，授课老师只会挑一些典型的用户产品来进行点评，而我对每一份产品都会做一对一点评。

· 密训

价值变现私董和轻创圈的合伙人是有密训的，为了有源源不断的内容可以分享给这些用户，我花了很多的时间、金钱和精力去学习，然后去讲大家想听的各种各样主题的内容，来帮助大家获得提升。

私董们告诉我，我的密训他们至少要听三遍以上，有些人甚至会听十几遍，因为其中包含很多干货和心法。

· 随时"加餐"

我在我的课堂服务过程当中，会根据学员在群里经常讨论的问题，随时做一些内容的"加餐"，效果也特别好。

· 社群互动

基本上每一位学员在群里发了动态，我都会至少互动一次。每个人都值得被夸奖和看见。给予对方力量，可以让对方更加勇敢地表达。

◆ 躬身入局参与各个环节

如果是我的高端价值变现私董会成员，我服务的内容会更多，比如我会直接帮助私董修改朋友圈文案、个人品牌故事和视频号脚本，及时解决私董们在商业上遇到的各种各样的难题。每一次的服务，都超乎用户的预期。为此，我也常常会收到大家的表白。

你问我累吗？有时候我确实觉得自己挺累的，但是没做这些梳理之前，我居然没有意识到自己做了那么多的事情，同时也通过梳理再一次确认，在服务用户这件事情上，我们真的做得非常到位。当然这也没有什么骄傲的，因为这本身就是我们应该做的事情。

　　我的团队在配合我以及在服务学员上也做了很多这样的事情，比如随时为我们的学员解决困惑，以他们的专业知识在群里给大家解答，这些在我们的平台上都是常见的事情。

　　我就是想身体力行让大家看见，我们在做这件事情上是非常认真的。

　　一起为这个行业，做出自己力所能及的更多事情。

亲爱的读者，读完本章内容后，你最有收获的 1 ～ 3 个点是什么？

第一点收获：
第二点收获：
第三点收获：

受本章内容的启发，请写下属于你的 1 ～ 3 个行动计划。

第一个行动计划：
第二个行动计划：
第三个行动计划：

第六章

新商业产品交付篇

新商业个体交付流程大揭秘

Ivan 是我的私董，和我一样，我们都是终身学习成长者，每年都会花钱、花时间在各种各样的学习渠道上。

事实上，Ivan 最早认识我是因为看过我的第一本书《学习力》。后来，当我们在一起上创业课的时候，因为被安排使用同一张桌子，她对我有了进一步的了解，于是加入了私董会。

Ivan 在加入我的私董会之后，体验到了我们非常完整的服务流程，后来对我说："怪不得你们能够做得那么好，因为服务的流程非常细致，体验也特别好。"

我们之所以会有这样相对完善的服务流程，是因为我在创业之前系统学习过项目管理的方法，很热衷于 SOP 流程的梳理，因此，我带出来的团队也会有项目管理的思维和比较规范的流程化的基因。

标准而有秩序的服务流程，无论对我们团队还是对客户来说，都是非常有益的。

对团队来说，完善的流程会让我们的团队更加高效，这种高效不仅体现在日常服务用户的过程当中，更体现在团队内部工作的无缝对接当中。

简单来说，无论谁负责什么样的工作都会很容易上手，因为都有相对完整的流程。

发现自己管理团队特别混乱，而且服务用户也完全没有章法，这一节一定要好好学习。

我把客户分为两个类型，一类是咨询客户，另一类是报名课程的客户。

其实，报名我们课程的客户还可以细分成公开课、训练营、轻创圈、私董等多类客户，我尽量把一些能对读者有启发的通用的服务流程提炼给你。

我们先来讲第一类客户：咨询客户。

我们平台只有一款一对一商业模式咨询产品，而且一般只能由我来判断是否接这一类型的咨询，所以凡是问到这款产品的，都会由我来直接沟通并确定交付的流程。因为这节的重心是交付后的流程分享，我们略过成交的环节，直接讲客户成功付费后的服务。

成功付费的客户，我会按照以下的步骤来进行服务：

第一步：咨询前的准备清单。

· 我会根据对方的情况，准备相应的已经录制好的课程，比如商业画布课、产品矩阵课、多管道收入课等。

· 对应的课程都会有相应的表格，需要对方填写，表格都是我提前制定好的，对方只需要听完课程之后往里面填内容即可。

· 优势表单算法表格，这个也是我的原创表格，主要的用途是让用户填完表格之后更加清楚自己的定位。

· 罗列想要向我咨询的问题的背景，提供比如现有的用户量、目前的产品进度等内容。

· 想要跟我沟通的三类问题以及一些快问快答的小问题清单。

对方准备好以上资料之后，我们会定下来双方的沟通时间。

我会在这个时候告诉对方，我们双方沟通的工具是微信语音，提醒对方可以录制我们俩沟通的整个过程，方便他给团队以及自己反复听、反复学习、反复吸收、反复使用。

关于录音这件事，我展开说明一下，并不是所有的咨询都是适合录音的，要根据双方的意愿来定。尤其是心理咨询板块，是不太建议录音的。

如果是面对面的咨询，确定好见面的地点，最好选在安静的咖啡馆或者茶馆。

如果是线上咨询，我一般会提早一个小时提醒对方，如果是线下咨询，我会提前三四个小时和对方确认安排。

第二步，咨询的过程也有一些需要大家注意的事情。

因为我的整个交流咨询过程是可以录音的，我会尽量建议对方专心跟我沟通，最多通过笔记去记一些关键词，不太建议记得很详细，因为如果记得太详细的话，会把注意力放在所记的内容上，而不是跟我敞开地交流。

整个交流的过程会围绕提前准备好的表格和问题清单进行展开，必要的时候会调整顺序，但大部分的时候会根据对方的问题清单来进行交流，这样能够保证交流的效果。

值得注意的是，我习惯在交流前和对方确认这一次交流的基调，是直接而犀利，还是温柔而含蓄。其实，大概90%以上的人都会选择直接而犀利，但我依然会做确认。

因为做了这样的确认之后，对方会更加容易配合我们整个的交流节奏。

大部分时候，我会以提问的方式引导对方说出答案，而不是由我来给出建议。

很多咨询者常常会偏离主题，我会在对方表达完当前的观点之后，拉回到主线上来。

也有很多咨询者会在一个问题还没有聊完的时候，就想把下一个问题拿出来聊，我会反复确认对方已经对当下正在交流的问题完全清楚之后再进入下一个问题。

如果交流的问题确实没有在一个小时里聊完，我会适当延长 10 分钟左右的时间，以交流的效果为衡量标准。

在交流的最后，我还会跟咨询者进行确认，如果今天确实没有问题了，我们今天的交流就到这里，如果还有问题，可以继续把疑问提出来。

交流结束之后，我会要求对方在指定的时间之内把执行方案写完发给我，对方会更加重视这次交流的效果，也会严格按照节奏去执行。

以上是我做咨询的所有流程，每个人可以根据自己的咨询产品做一些调整。比如说，如果你的咨询是包含了跟踪服务的，你可以制定跟踪的表格进行跟踪和填写；再比如说，你的咨询是包年的，你可以定一下每次咨询的时间来跟踪结果。

接着我们来讲第二类客户：报名课程的客户。

报名课程的客户在付费之后，会联系助理老师进行登记。

第一步，助理会对对方表示欢迎，并发一份通知信息，通知信息包含：

· 参加课程的名称。

· 入群的时间。

· 开课的时间。

· 告诉对方，如果有朋友要报名会获得奖金。

· 如果有开课前的复习资料，也会提前发给对方。

· 提醒对方，如果有我的书籍的，可以在上课前再把书拿出来看看，会更容易融入课程。

这之前如果有任何问题，可以随时找我们的助理团队，我们也会及时进行处理。

第二步，邀请入群的时候会给预录取通知书、参加这一次课程的学号，还有入群后的通知。

第三步，训练营正式开营。

正式开营的当天晚上，有一个开营仪式，我们会告知对方整个训练营的安排，让学员有全面的了解，从而更容易融入学习社群里。而且所有的内容都会再做进一步的整理，方便没有办法及时参加开营的伙伴，后面可以更加方便地去获取开营的信息。

第四步，整个上课期间的运营。这部分属于社群运营的内容，我在过去的《副业赚钱》和《副业思维》里都有相关的论述，这里就不做具体的展开，有需要的可以重新把这两本书拿出来复习。

第五步，我们会有一个闭营仪式，目的很简单，希望大家对整个学习做一个复盘，而不仅仅是上完课程。

全部课程期间，我们都会跟大家强调整个社群的基调是包容而愉悦的，当然遇到任何问题都可以跟我们沟通，希望每一位学员都能够积极正向而有能量。

第六步，整个课程完全结束之后，我们还会安排助理告知对方课程已经结束，但课程的内容还是可以反复听的。如果还有其他的学习需求，可以继续报名其他课程，让对方更加清楚自己学习的节奏。

这里再强调一下，为什么开头的 Ivan 会觉得我们的服务很好。因为在成功报名私董之后，她收到我专门写的一封信，重点讲如何更好地融入私董会以及私董会如何更好地为大家提供价值，这些细节让她能够更快地融入这个高能量圈子里。

曾经有学员这样评价过我们的服务："像是一所真正的大学，所有的设置都井井有条，又非常丰富。"

我另外一个私董将要博士，他是超级学霸，他当时感受完我们的整个服务流程之后就对我说："真的非常震撼。"

　　如果你也想成为一名咨询师或者一个课程的讲师，欢迎你借鉴这里提到的所有流程，也欢迎未来有机会学习我们的课程，切身体验我们是如何服务好大家的。

　　答应我一定要把方法用起来，这样你才会真正体会里面的价值。

心力提升：让用户相信自己

　　品乔是我的私董里学习力和行动力排名靠前的一位。我的私董都是随时可以跟我交流的，在这方面，品乔是非常积极的，她常常会在遇到困惑的时候给我留言。

　　有一次她问我："为什么我的学生没有办法像 Angie 老师的学生一样那么快出成绩？"

　　我反问她，方法已经教到位了吗？

　　她回答："教到位了，大家的学习热情都很高涨，笔记也记得很不错，但是好像总是推动不起来。"

　　我继续问："你在学员的心力上下过功夫吗？"

品乔说："我没怎么留意过这个方面。"

原因就在这里了。

我告诉她："你一定要做一件事情，那就是要让你的用户提升自己的内在心力。"

我快速给她发了一段语音，告诉她一些方法，并对她说，私董的密训里就有一节专门教大家提升心力的私教课，让她快速听起来。

听完密训后，她回复我终于找到原因了，因为她从来都没有花时间和精力在提升学员的心力上。

不是不想教，而是没有意识到原来大家在这件事上需要很多帮助。

为什么我能够很快搞明白品乔的问题出在哪里呢？是因为我也有过类似的经历，我在最开始打造个人品牌的时候花了大量的时间研究如何把学习方法讲细讲透，但是同时也发现，无论方法多么具体，还是会有一部分人没法行动起来。

我冥思苦想了很久，最后才发现原来是因为心力的问题，具体的表现是，学员不相信自己能够办到。

当我发现了这个原因之后，我非常欣喜，因为我有预感，如果我在这件事情上去发力，就一定会有成效。

当一个人变得勇敢变得自信，还会害怕遇到难题吗？

其实，本书前面的部分也讲到过提高内在驱动力的方法，大家可以把第一章第二节再看一遍。

那么，如何让你的学员相信他自己？

第一步，你要让他知道他并不孤单。

这个世界上有许多人是不自信的，你可能会很惊讶，因为放眼望去你微信朋友圈里的很多人看上去都是很自信的。但你有没有想过，很多不自信的人是很少发朋友圈的，而且发朋友圈很活跃的人中也有一些是为生活所迫在发，他们实际上并不是非常自信的。

当你的学员意识到，原来大部分人都有这个问题的时候，他更容易放低自己的戒心。

第二步，带领你的学员一起撕掉他身上的标签。

不自信的人非常容易表现出的一个行为是，做错一件事情后会把这件事变成一个标签贴在自己身上。

比如说有一天赴约迟到了，他马上给自己贴一个"爱迟到"的标签；当一段时间没有勤奋努力时，他会给自己贴一个"懒惰"的标签；当业绩不好时，他会给自己贴一个"一无是处"的标签。

人无完人，谁都会有做得不好的地方，就事论事就好，不要总是贬低自己。

第三步，写自信力日记，把注意力放在自己的优点上。

这个方法我在很多场合都反复提到过，我希望你不仅自己要写自信力日记，还要从帮助他人提升心力的角度出发，把这些方法分享出去，让你的学员也用自信力日记来提高自己的心力。

第四步，找到能够打动他人的案例。

案例的主角，最好是起点比你的学员低，结果比他现在要好，让他更加相信自己也是能办到的。

第五步，推动你的学员行动起来。

通过制订行动计划，推动你的学员行动起来。想，解决不了问题；做，才会有答案。

第六步，不断给予正面的反馈。

正面的反馈包含两个部分，一个是给予你的学员继续行动的指导和动力，另一个是要有具体的夸奖对方的行为。人是被夸奖鼓励出来的，而不是被批评刺激出来的。

第七步，让你的学员成为能够给予他人鼓励和力量的人。

这一点可能你会觉得不可思议，你可能会想："我已经心力不足了，我还有什么样的力量可以给予他人？"

当你以"我也要夸奖他人，把我身上有的东西分享出去"的心态去和这个世界连接的时候，你会发现你无意识地把自己的注意力放在正向的事情上，而且也一定要绞尽脑汁从自己身上找到优点，才能持续不断地去分享。

如果你发现自己心力不足，就去看看一个心力足的人需要做哪些事情，然后照着去做，让自己成为一个心力足的人。

我由最开始的不自信，到现在成为一个带领一群人变得自信的人，一个很重要的原因是我做到了第七步。

佛教中布施有三种形式，分别为法布施、财布施和无畏布施。我认为这三者中最重要的就是无畏布施。无畏布施的重心就是给人以力量，让别人变得更加勇敢。所以，我会一直在这件事情上去努力，我也希望你和我一起，把力量传播给更多的人。以我们每个人的力量，去让这个世界越来越多的人由内而外地自信起来。

第 三 节

新商业金钱观：如何轻松地赚到钱

我有一个做自媒体的好朋友小 V，在我写下这篇文章的时候，她的金钱观已经有了大大的突破，我要分享的是早几年她的金钱观改变之前故事。

我们非常喜欢的一项活动是爬山，这真的是一个再好不过的活动了，既可以锻炼身体，又可以联络感情，而且在爬山的过程中，我们常常会有聊不完的话题。

有一次，在爬到半山腰的时候，小 V 突然问了我这样一个问题："为什么每个月我的收入到 10 万元的时候，我就有一种停止赚钱的想法，你能帮我分析一下吗？"

那时候我的月营收早已突破了 100 万元，我开始结合自己的情况进行分析。

我做咨询有一个习惯，我在说话的同时会观察对方的表情，从对方的反应中寻找分析问题的角度。当我试探着从某个角度去分析小 V 的问题时，我能感觉到，我的回答并没有戳中她的内心。

于是，我调整了交流的方式，问她一个问题："有没有可能是你父母的金钱观影响了你呢？"

小 V 猛地一抬头，认真想了想之后回答："应该是没有的。"

我继续引导："你再想一想有没有一些相关的场景出现。"

过了一分钟，小 V 突然回答："我想起来了，我爸从小给我灌输的观念是，你一个女孩子不需要赚那么多钱，差不多就行了。"

小 V 继续说："如果你不问我，我好像已经忘记了这句话，但是这句话对我的影响，现在看来还挺大的。"

我继续问她："那你现在已经长大成人，并且有独立的经济能力，你赞同这个观点吗？"

小 V 认真地想一想说："我不太赞同，你看这个月还不到 15 天，我的收入就已经破 10 万元了，而且这种情况已经出现过好多次了，如果我觉得目标已经达成，就停止赚钱，那是不是意味着我剩下半个月的时间就无所事事了？"

小 V 继续补充道："我的内心还是希望可以继续推动手中的项目的。"

　　后来，我们又聊了一些别的话题，这个话题就终止了。

　　到了月底，小 V 告诉我，她的收入在那个月接近 20 万元，她很开心自己终于有了突破。

　　其实类似的情况，在我的朋友和我的私董们身上发生过很多次。

　　比如说，我的一位私董小 Y，她在听完我的金钱观密训之后给我发来私信，说她经常会有不配得感，就是觉得自己不配拥有更好的东西，所以常常会在购买物品的时候货比三家，不敢去买最好的东西，退而求其次选择那些差一些的。

　　她觉得这种不配得感很大一部分来自她的父母。从小，她的父母就常常会用语言贬低她，说她不配拥有某样事物。

　　举个例子，有一次她特别想去旅游，对爸爸提出要求，结果爸爸的回答是：你根本就不配去旅游。

　　类似这样的场景，她记得非常深刻，所以有深深的不配得感。

　　这两个小故事都跟原生家庭有关，在这里我要强调一下，18 岁之前，我们可以把某些问题归咎到原生家庭上，但是 18 岁之后，我们需要为自己的人生负责，而不是把问题都归咎到原生家庭上，这是相当不成熟的做法。更重要的是，这根本解决不了任何问题。

以上两个小故事，我相信已经能够触动到一些读者的心，也能够引发大家的思考。

再分享一个常常发生在我身上的事。一些不太了解我的人，尤其是没有上过我的课程的人，在初次跟我联系之后常常会对我说："老师，你太辛苦了，要注意好好休息。"起初我会感谢关心，但后面我又收到了很多类似的信息，我就感到很奇怪，是不是在大家的眼中，赚钱这件事就是非常辛苦的？

我们可以观察自己的言行举止，往往你喜欢说出什么样的话，你就是什么样的人。观察自己的言行举止是清醒地认识自己的一个方式。

那些经常认为我工作很辛苦的人，大致有以下两种情况：

· 自己的人生、工作非常辛苦，所以理所当然认为其他人也是辛苦的。

· 认为收入与辛苦成正比，只有辛苦的工作才能获得相对不错的收入。

你是否符合以上两种情况呢？

在我看来，能赚钱的人并不一定非常辛苦，会赚钱的人也可以工作起来很轻松。

我们应该树立这样的金钱观：我为什么不能轻松地赚钱呢？

轻松不是指不需要付出努力，而是把工作当成一种乐趣，努力为这个社会做出自己的贡献，努力为自己的学员提供价值，并且觉得自己值得拥有正当的收入，不为自己获得高收入而感到愧疚。

那么如何才能够轻松地赚钱呢？这里也给大家分享一些方法：

第一，培养良好的金钱观念。问问自己想到金钱的时候联想到的关键词是什么？如实地把这些关键词写下来。

一定要如实写下来，这样才会有效果。只有把真正的想法写下来，才能直面问题和解决问题。

第二，探寻原因。找到自己会想到以上关键词的原因，可以从原生家庭、过往的人生经历、早期工作接触到的同事以及伴侣的金钱观等角度去寻找。

其实，不仅原生家庭会影响我们的金钱观，我们所接触过的任何人、事、物，都有可能会影响我们的金钱观。

第三，找到原因后，要学会与这些原因和解。我们要接纳自己的现状，而不是去与自己的问题对抗。

很多时候，当问题被发现的那一刻，其实我们已经知道答案了。

要学会向自己提问，问对了问题，即使没有答案，也是一个很好的厘清自己的过程。每个人都要训练自己成为一个会提问的人，当遇到难题的时候不断地自我发问来接近真相。

第四，重构和金钱的关系。想一些与"轻松"相近的关键词，比如愉快、值得、欢乐、投入、专注等，然后写出来。在你每天的生活中去冥想记忆这些关键词，给自己一个方向上的指引，朝着这个方向逐步靠近。

第五，随着认知的改变，及时调整自己的行动。

举个例子，当你觉得赚钱很辛苦的时候，提醒自己："我现在正在通往轻松的赚钱道路上，有什么样的方法可以让自己更轻松一些呢？"

我在最开始打造个人品牌的时候，推出的主要产品是一对一咨询。大概做了十几个项目之后，我问自己有没有一种比现在更轻松的赚钱方式？

我发现，开设训练营一对多讲课会比一对一咨询更加轻松，而且学员在一个社群里有一种一群人一起成长进步的感觉，大家听完课之后还可以一起交流，再加上答疑环节，效果会更好。

在开设训练营之后，我又问自己，有没有比开设训练营更轻松的赚钱方式？然后我发现，搭建一个平台让大家一起共创可能会更高效，于是我搭建了价值变现私董会和轻创圈教育赋能平台。

更轻松的赚钱方式，不是以做更少的事为标准，而是以服务更多的人为标准。当我们升级了商业模式之后，大家可以在我们搭建的平台里自运转，收获更大、效果更好，这才是商业的永续经营之道。

路是要一步一步走的，当我们意识到自己的行动不对时，不是马上就要求自己回归正轨，而是给自己一个成长的空间，并且学会为自己的每一次进步喝彩，这样才能够收获一个更好的自己。

你是如何看待金钱的？读到这里，我希望你能够拿出纸和笔，按照这些方法罗列你的行动计划。我想告诉你，即便学到了这些方法，如果不把它们用起来，也无法产生效果。

◆　如何轻松赚钱

第四节

知行合一：如何让你的用户知道、做到并赚到

　　学员三三发私信给我，问了我各式各样的问题。看了她的一系列问题之后，我回了她一段相对犀利的话，因为我发现三三的问题全是她自己想象出来的。

　　她被我的这番话点醒了，开始行动起来，也很快就有了收获。有一天她向我报喜，说自己多了三个高价私教客户，而且陆陆续续还有其他的客户，她整个人的状态变得非常不错。

　　三三的进步是因为一个词：知行合一。

　　知行合一，这个词可以拉开人和人之间的差距。正如我们常听到有人说，道理懂那么多，却依然过不好这一生。我对这

句话的理解是，如果只懂得道理但不去行动，那活该过不好这一生。真正懂得道理是要把道理用起来的。

大家都听说过情商、智商，今天我想给你分享一个词：用商。

什么是用商？

就是把你学到的任何知识都以"我有没有用起来"作为掌握的唯一标准。如果更严格一点，还要考量用完之后有没有带来具体可衡量的价值，比如说有没有赚到钱。

知行合一有三个阶段：

· 第一个阶段是学到；
· 第一个阶段是做到；
· 第三个阶段是赚到。

这三个阶段都非常重要，缺一不可。

首先我们来讲第一个阶段，学到。

如果你的头脑当中没有城堡，你是无法搭建出城堡的。这个阶段最重要的是认知的提升。

2015 年，我开通了第一个公众号，写了没有几天就觉得自己写不下去了。然后我又陆陆续续开通了第二、第三个公众号，还是没办法坚持下去。最重要的原因是，我还没有认识到公众号的重要性。

2016 年 1 月，我参加了一次饭局。在饭桌上，我发现在场的人都在讨论微信生态圈和商业的关系。我听不太懂，但是我知道这里面一定大有可为，于是我下定决心，一定要把我的第四个公众号做好，也就是大家现在看到的这个公众号。

真正的学到是能够带来行动力的学到，绝不只是听到或者看到。在学习这件事情上，我永远都是小学生，对这个世界上的一切都保持着好奇心。我们不但要学习，还要主动学习，带着目的和思考去学习。

学习是一件非常有趣的事，而且有非常多的渠道。许多终身学习者都有这样的表现，那就是当他碰到自己完全不懂的领域的知识的时候，他的反应是："哇，好神奇，我要来学一学。"终身学习者，都拥有空杯心态。

如果你常常质疑和鄙视一些新生事物，很遗憾地告诉你，你可能会和很多有趣而美好的事物失之交臂。

在此分享一下我的学习之道。

大家都知道，常规的学习方式是上课和看书这两种，这两种也是我个人非常喜欢的方式，除此之外，我还很喜欢：

· 向优秀的人学习。

· 大量观察。

· 浸泡在高能量圈。

· 看剧、看电影、看人物采访。

◆ 一些学习方式

　　另外，我还有一个会保持一辈子的习惯，那就是记笔记。无论哪种学习方式，我都会记笔记，因为如果连内容本身都记不住，就不可能去消化、吸收和使用了。

　　其次，我们来讲第二个阶段，做到。

　　2015 年 8 月，我开通了微博，但没有去运营。我关注的一个博主在微博上分享了一件这样的事情，大概的意思是，互联网时代真的太棒了，孕育了很多很好的平台，其中有一个平台，让她在去每一个城市时都能用一个非常合理的价格约到专业的人士。要是换作以前，普通人很难接触到高端专业人才。

我看到这句话的感受是：确实很棒。于是，我下载了她推荐的那个 App，并且马上有了第二个想法：我也要成为这样的行家，让对我有需求、需要我提供解决方案的人也能直接购买我的服务。

你会好奇为什么我的想法是这样的吗？因为我的头脑里有一个学习之后的提问系统：这个知识点怎么为我所用？

每一次看到触动内心的内容时，我一定会先问自己这样几个问题：这件事，怎么做才能够使它跟我关系最大？我也可以成为这样的人吗？就像前面举的例子，当我在微博上刷到有所触动的内容时，我的头脑当中出现的想法是：我也可以去约专家见面，我是不是也可以成为这样的专家？当我想到"我也要成为这样的专家"时，行动力马上就变强了。

关于如何做到，这里也给你分享一些好的方法。

比如，你知道某件事情非做不可，但又迟迟没有去做。这个时候你可以问自己，我要怎么踏出第一步？拿我来说，如果我想要成功达成个人品牌变现，我要踏出的第一步是什么？这一步是我要把能够卖给他人的产品做出来。

如果你给出的答案还是无法让你行动，那就证明这个不是真正的第一步，这时你还需要继续细化，继续提问，通过提问找到最终的答案。

　　这里再给你分享一个词：最小颗粒度。

　　什么是最小颗粒度？就像前面举的例子，我想要踏出变现的第一步是，我要把能够卖给他人的产品做出来。如何把这款产品做出来呢？最小的颗粒度就是：我要把这款产品的宣传海报做出来。

　　如果你这样想了之后还是做不出来，那你就要继续去找更小的颗粒度，比如把我要推出的这款产品的定位想出来。当然，每个人是不一样的，有些人是定位已经清楚了，有些人是定位还不清楚。

　　我们可以用最小颗粒度去找到让我们行动起来的第一步，让行动变成简单的事情。如果你发现即便如此还是无法行动起来，我给的建议就更加直接了：找一个有结果的老师付费学习，成为他的高端用户，让他一步一步指导你。

　　这个世界上很多人都崇尚完美主义，我也曾经在我的其他书籍中分享过一个概念：完美主义可以分成消极完美主义和积极完美主义。

　　消极完美主义是指做任何一件事情都要准备到100分才会行动起来。你会发现，这种类型的人永远都无法行动。积极完美主义是准备到 50 分就会开始行动起来了。

我们都知道，在行动的过程当中才能够真正把一件事情做成。你一直想做但一直又没有开始着手的那件事情，做好 50 分的准备了吗？如果有，那就大胆行动起来；如果没有，记得请一个专业顾问，推动自己行动起来。还是那句话，你的时间比一切都要贵。

最后，我们来讲第三个阶段，赚到。

我在本书开篇第一章就跟大家分享过我人生最大的红利，就是通过个人新商业模式成功打造个人品牌。而且我也大胆地预测，在我有生之年，打造个人品牌会是我人生红利当中永远位居第一位的红利。

为什么我会这么笃定？

因为围绕打造个人品牌这一主题，你需要展开一系列的动作，比如提高自己的综合实力，分享自己的整个成长过程，推出产品，寻找用户，做好交付等。无论哪一个行动，对你来说都是百利而无一害的事情。

所以，当你开始打造你的个人品牌时，就已经是赚到了。

我的学生常问我："Angie 老师，我已经向您学习很久了，但是到现在还没有变现，怎么办？"我会问对方这么一个问题：你学的内容是教你变现的吗？有超过 80% 的人回答说，我还没有学过变现的课程。那么，如果你的目的是变现，你为什么不去学习变现的课程呢？

种瓜得瓜，种豆得豆，种瓜是得不到豆的。

关于赚到，我还想再展开写一写。

其实，不是只有赚到钱才是真正的赚到，你把学习的方法用在主业上，让你升职加薪，也是一种赚到。你通过学习，学到了经营管理的智慧，也是一种赚到。

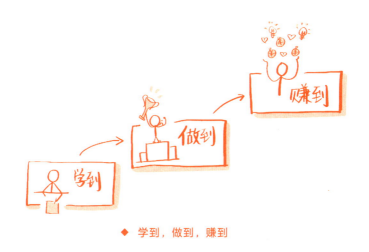

◆ 学到，做到，赚到

我再来分享一个词：解决方案。

在构建系统的解决方案之前，你需要成为一个问题解答者。当你回答了一个又一个的问题之后，这些问题的答案就会在你的头脑当中集结起来向系统的解决方案靠近。你越能解决复杂的问题、系统的问题，你的赚钱能力就越强。

比如我最开始打造个人品牌，只能用自己的职场经验去帮助他人做一些类似 SEM 搜索引擎营销这样的服务，所以我赚到的钱很少。当我现在能够帮个体和企业去梳理其整个商业模式的时候，我一个项目就能收到六位数的钱。

值得提醒的是，如果你帮助他人解决问题，对方给你发了红包，那么你一定要大胆收下这个红包。这其实就是一种变现的雏形。而且，你要感谢每一位在你刚开始起步，还不够成熟的时候给你付费的人。

有学员对我说："没想到我按照老师的方法发布产品后，成交会变得那么容易，是不是我的产品卖得太便宜了。"

你有过这种念头吗？千万不能有这样的念头。最初的信任是最有价值的，当你产生这种卖得太便宜的念头之后，你就很难鼓励自己了，也会做不好交付。我们要感谢每一个人对自己的信任，这样才能拥有更多高价值的客户。

如果一个人对赚钱没有开心的感觉，那他永远都不会开开心心赚到钱,因为金钱是有能的。我希望每一位读者都能学到、做到并赚到，做着自己热爱的事情并且顺带赚到钱。

第 五 节

超值交付：过有结果的新商业人生

我是一个目标感非常强的人，这得益于我的第一份工作。

2008 年，我来到深圳找了一份客服工作，当时完全没有想到，这将会成为我人生当中非常重要的一段职业经历。

刚毕业的我就像一张白纸，而往往一张白纸才能最好地描绘出未来。

我的第一份工作虽说是客服，但我们是带销售性质的客服岗位。我发现做销售有许多好处，其中一个好处是让人有目标感，这个目标很具体，也很残酷，你是否能达成目标，一眼就能看得出来。但说实话，这份工作让我很痛苦，因为

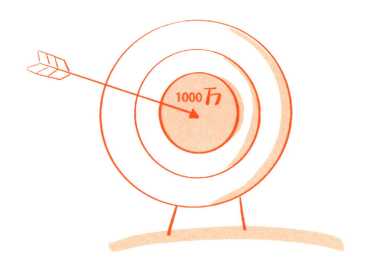

◆ 做目标型和用数字说话的人

压力实在是太大了。

　　然而现在回想起来，我特别感谢这份工作，它让我成了一个有目标感的、会用数字去衡量自己的结果的人。这个认知对我创业来讲是终身受用的。我见过不少创业者，因为对数据完全不敏感，最后把一家公司做垮。我们平台之所以能一直保持稳步增长的趋势，很大程度上得益于我的这种能力。

　　有了这种目标感，我在商业经营上游刃有余。创业之后，我们以周为单位来衡量目标的达成情况。后来，我又把这种目标感放到了产品的交付上，我发现效果也很好，学员的满意度很高。

学员在跟我学习时都是带着目的来的，但是往往学着学着就松懈了，最后也不知道自己究竟学到了什么。我们作为平台方有义务让用户持续感知到学习的重要性。比如在我的轻创圈，从学习的效果出发，我们会从以下几个方面引导学员做前后的对比：

第一，是否正式开始变现？有没有设置变现的金额目标？

这里要强调一下，并不是所有的课程都能带来变现或者成功打造个人品牌这样的结果，因为有很多学习过程属于技能型学习。比如时间管理课，学习完之后，你获得的是在时间管理技能上的提升；比如亲子关系课，学习完之后，你获得的是在亲子关系改善方法上的提升。

我经常会收到很多学员的来信，说自己学习了很久，还是没有变现。我想告诉你，如果你从来都没有学习过变现的系统方法，没有变现是很正常的，也并不是所有的老师都会教人如何变现。我们的课程会设置大量的实操环节，让大家在我们的带领之下实现真正变现，这也是我们的一系列变现课程所带来的真实结果。

而如果你学的是技能类的课程，那么在学完之后，你将获得的是自己在对应技能上的提升。所以，这是有区别的。无论如何，只要你敢行动，就一定会有结果。

第二，学到的方法在主业上有没有应用的机会？有没有给你带来一定的结果？

我有不少学员，在跟我学习的时候就明确告诉我，他们学习并不是为了做副业或创业，而是要把学到的方法用在自己的主业上，帮助公司进行创新和改革。也有不少人原计划是要做副业、打造个人品牌，可是学着学着，就发现学到的知识用在自己的主业上也特别合适，使得自己的主业有了质的飞跃。比如我的学员小优，在学习了群发售这个技巧之后，她开始把这套方法用在自己的主业上，效果非常好，很快就实现了升职加薪，老板也非常赏识和器重她。

此外，你还要具备"一鱼多吃"的思维。也就是说，当我们学会了一个知识、一种理念、一套模型的时候，不是只能应用在一个地方，而是可以"一鱼多吃"，用在更多的地方。所谓熟能生巧，方法一定是用进废退的。

第三，在自信心提升上有没有明显的变化？

我的私董东晶，在跟我学习后，心力得到了很大的提升，金钱观也有了大大的改善，她完全打开了自己，从不敢收钱、只敢谈小金额的合作，到敢谈大单，实现了日入 10 万元的业绩突破。

她告诉我，在遇到我之前，她参加过各种各样的课程，大部分的课程都是通过打击人、攻击人的方式去刺激学员找到人生的突破点。那段时间，她的状态很不好，经常自我怀疑，觉得自己各方面都做得很不好。

在遇到我时，她很担心我会不会也是那样的老师，后来发现我不是。在她看来，我只会说有意义的话，从正面帮助大家找到自身优势，推动大家行动起来去突破自我。

有一次，我和一位微商品牌的联合创始人聊天，她有数万名团队成员，在聊到推动团队成员提升效率这件事上，我们的观点很一致：大家需要技能和方法，更需要心力的提升。只有心力的提升，才能让一个人内心充满力量，而一个内心充满力量的人是不怕困难的，坚信一定会有解决困难的方法。我希望跟着我学习、行动、成长的你，一定也会变成一个更加自信的人。

第四，关系有没有明显的改善？比如伴侣、亲子、朋友、同事。

创业之后，我最大的收获是，我成了一个会包容、会经营人际关系的人。我原本是一个脾气不太好的人，性子急，容易焦躁；从事教育这个行业之后，我学会了修炼自我，我发现，脾气差的根源在自己身上。表面上看，我们生气是因为某件事、某个人激怒了我们，但事实是，我们的内在出现了问题，所以才会在遇事、遇人时产生激烈的反应。

懂得自我修炼才是一切的根本。虽然后来我还是会生气，但是慢慢地，我越来越能察觉自己的情绪状态，内心也越来越安定，能接纳和包容的人、事、物越来越多，人际关系的经营也越来越如鱼得水。

这不只是我的感受，也是很多其他学员跟我学习后的感受。

第五，找到自己的终身使命，明确如何为这个社会带来更多的价值。

我是在创业到第五年的时候，才开始思考自己的终身使命是什么，也才想明白自己的终身使命是什么。

我也很坦诚地告诉大家，并不是每一个人都能够找到自己的终身使命，有的人终其一生都不知道自己生命的意义是什么，活着是为了什么。

我常说，创业是优雅地解决这个社会上存在的一类问题，而新商业是优雅地解决这个社会上某一类人的问题，在此过程中，找到自己的终身使命。

如果你刚好和我一样是从事教育这个行业的，可以关注学员们的多方面变化，因为，最好的教育是生命影响生命，人点亮人，让爱和价值以最快的速度、最大的范围传播出去。

当你有了目标感后，接下来的一步是，在交付的过程当中，通过一些方法来帮助用户获得更多的成果。

第一，开营的时候写目标信。

"价值变现研习社"开营第一周有一个环节，叫"写梦想信"，让用户写一封自己在半年的时间里面想要实现的梦想的信。写完后可以自己保留，也可以发到我们的邮箱里，在闭营的前一个星期，我们会带大家一起把这封信拿出来做复盘。而且在课程学习的过程中，我们也会让用户把信拿出来看看自己的进度，不然可能会出现无法实现目标的情况。

第二，设计押金制。

在报名费之外，再收取一笔押金。用户只有在完成目标的情况下才能够拿回押金，押金机制可以让课程效率至少提升50%以上。

第三，在课程学习的最后一天，带大家一起复盘和总结。

我有复盘和总结的习惯，但我发现，大部分的人完全没有这样的意识和习惯。在学习的最后一天进行复盘和总结，能够把产品的效果最大化。常常是很多学员在复盘之前觉得自己没有收获，复盘后觉得自己收获很大。

第四，实操活动。

学到和做到，这中间还有很大的距离。举个例子，我们做过这样的测试，当我们讲完一节涨粉课之后，不设置实操环节，大家很快就忘记了。如果我们在讲完课之后马上设置实操环节，效果就会特别好。

在"21 天副业赚钱实操营"中，我们推动学员按照课程中讲到的方法，定下两天的涨粉目标，同时，把自己的涨粉方法也罗列出来。实操的结果是，几乎所有人都完成了涨粉目标。

第五，积分机制。

我们的"金牌导师授权班"会设置积分机制，从多个维度推动大家行动起来。授权导师班是会给证书的，我们设置了积分机制，要达标才能获得对应的证书，大家会为了拿证书变得更加积极。

第六，奖励机制。

无论是什么课程，我们一定会设置闭营和颁奖典礼，为表现优秀的人设置多种奖励。大家收到奖励后都很激动，而没有收到奖励的人，在看到和自己一起学习的伙伴得到奖励后，行动力也会变强，会为了得到奖励而努力实现自己的目标。

我希望每一位跟着我们学习的学员，都可以获得有结果的新商业人生，让自己变得更有价值的同时，为这个社会贡献自己的一份力量，最美好的人生也不过如此。

◆ 帮助用户获得更多的成果的方法

亲爱的读者，读完本章内容后，你最有收获的 1 ～ 3 个点
是什么？

第一点收获：
第二点收获：
第三点收获：

受本章内容的启发，请写下属于你的 1 ～ 3 个行动计划。

第一个行动计划：
第二个行动计划：
第三个行动计划：

推荐语

从北京乘飞机来深圳参加活动，一见到 Angie 老师，立刻被她的高能量所融化，在她身边，就好像什么都不是事儿了！不禁回想，Angie 老师在我的个人品牌成长路上对我的帮助：

最初在"价值变现研习社"成为变现冠军，我找回了信心；然后我做分享、做活动，开启我的个人品牌之旅；后来加入私董会，和优秀的私董们产生强烈共鸣，灵感无限，商业版图越来越完善。

我想说，能教技巧的老师很多，而高能量的 Angie 老师，带给我的信心、勇气，是独家版本，我会一直追随她。

石悦蓉

价值变现私董

任何商业都值得用互联网的方式迭代升级一遍。

我来自传统房地产经纪行业，在 Angie 老师的指导下，我利用互联网思维重塑传统商业模式。

与此同时，我也找到了自己的人生使命。在房地产经纪行业遭遇巨变的当下，我立志站在客户的立场，以极致利他的价值观服务社会，为中国家庭提供一站式买房服务。

同时，我还要帮助房地产行业的从业者，以改变行业社会地位、推动行业进步、赢得社会尊重为己任。

感恩 Angie 老师，是她让我看到了人生的无限可能，未来远比你想象的要更精彩！

曾仁
独立房产策划人、价值变现私董

最前沿的商业模式，不是来自商学院的书本里，而是来自一线实战型创业者的行动中。

在 Angie 老师的影响下，我突破了学院派的不接地气，躬身入局，短短 9 个月的时间，打造了自己的线上个人品牌，实现了价值变现。我已经看到了自己未来的星辰大海，因为 Angie 老师一直在支持我、托举我，而我也一直以她为榜样。

相信光、靠近光、追随光、成为光、散发光！

颖婷
北大光华管理学院硕士研究生、
超级个体创富教练、价值变现私董

一个哄娃睡觉崩溃的夜晚，我和 Angie 老师因为一张"科学育儿"的课程海报结缘。

"因为遇见你，世界大不同。"

她勇敢、正面、积极、睿智，打开了我的格局，在她的全新商业模式思维的引领下，作为财富规划师，转型四个月，我获得了行业最高荣誉——百万圆桌会员。

一年时间打造双品牌，我还创办了"征绘享"视觉成长中心。这本书的插图正是我的原创，你喜欢吗？

唯有做着自己热爱的事情，生命才能熠熠生辉。

蔡蔡
"征绘享"视觉成长中心创始人、价值变现私董

Angie 老师用自己的切身经历完美地诠释了"人生逆袭"这四个字，老师身上展现出来的强大商业思维力、高效行动力、利他分享力以及孜孜不倦的自我迭代学习力，成了我终身的学习榜样。

在 Angie 老师的殷切辅导、帮助和鼓励下，我升级了自己的商业模式。感谢老师在打造个人品牌道路上一直以来的引领，期待 Angie 老师能带领更多个体实现"人生逆袭"。

木沐
清华大学 MBA、价值变现私董、畅销书《能力突围》作者

在 Angie 老师的"价值变现研习社"，我接触到了咨询和训练营的变现方式。在 Angie 老师的鼓励下，我聚焦目标管理方向三年，成为目标管理专家，从小白成为讲师，远在美国成功建立个人品牌。

持续追随 Angie 老师，我的财富思维得到了极大提升。跟随 Angie 老师学习，永远有惊喜等着你！

达因
目标管理专家、价值变现私董

读万卷书，不如行万里路；行万里路，不如明师指路。

2020 年，有幸跟着 Angie 老师开始打造个人品牌，通过远程的方式帮助很多小伙伴解决健康问题。

在这个过程中，我逐渐清楚了我的人生目标和意义，那就是推广和普及中医养生知识，让更多的孩子少生病、不生病，同时帮助和我一样有梦想的中医从业者通过线上的方式帮助到更多的人。

感谢 Angie 老师，是她让我找到了自己的使命，也看到并相信我的人生越来越精彩。

鑫喆妈妈
中医健康指导师、中医世家传承人

过去的三年里，无论是线上还是线下，我都一直跟着 Angie 老师学习。

钦佩她是因为她开放的态度和大大的格局，她会认真思考每一位私董的建议，她会时刻关心你的项目进展情况。

也正因如此，我才能在一年半之内从互联网小白成长为如今的财商变现导师，不断种下财富的种子。谢谢 Angie 老师帮助我搭建产品矩阵和利他商业系统，感恩遇见。

古月

价值变现首位私董、轻创圈导师

加入 Angie 老师的私董，从此我的工作和生活都发生了翻天覆地的变化。

Angie 老师颠覆了我对个人品牌打造和线上知识付费的认知，让我从一个月收入 5000 元的线下英语老师，成功转型线上教育，成为品牌孵化导师。我也因此帮助很多英语老师打造了他们的个人品牌。

Angie 老师经常跟我们讲：你成就的人越多，你的成就就越大。感恩遇见，我要和 Angie 老师一样，去帮助更多老师打造自己的个人品牌。

大象姐姐

教育品牌孵化导师、价值变现私董

Angie 老师是我的恩师，2021 年初，她帮我优化了我的产品体系，升级了我的商业模式，让我这个文艺女青年懂得了将营销的方法运用到个人品牌打造中，实现了收入的倍增。

我本来不敢做高价产品的批量式成交。2021 年 8 月，Angie 老师专程来到我的家乡浦市古镇，面对面帮忙解决我的难点，她再三鼓励我一定要做一次合伙人的群发售，突破自己的局限性。

她的博爱与格局让我知道真正的利己就是利他，成就别人才能成就自己。

李菁

畅销书《守住：活出最好的自己》作者、价值变现私董

互联网时代，商业模式正在发生颠覆性的变革。互联网不仅改变了我们的生活，更融入了我们的生活，也让我们的工作形态发生了改变。Angie 老师就是把握先机的开拓者、实践者。

在 Angie 老师的影响下，我局限性的思维大幅度地被打开。我将家庭教育、心理咨询流程化、标准化，创造了 60 分钟突破心理瓶颈的咨询方式。

Angie 老师就像挖掘机一样，在她眼里，我们每个人都是一座宝藏，都可以打造独一无二的个人品牌。靠近她，普通人也能做到财富翻倍。

钱惠华

原团中央"知心姐姐"、价值变现私董

和 Angie 老师认识，是在 2020 年 10 月份的一场线下沙龙，当时是在我老婆的鼓励下，我鼓起勇气去联系了这位打造个人品牌的先行者。

在沙龙现场，我就被 Angie 老师的商业思维和亮眼的成绩打动了。我一直信奉的理念是"读万卷书，不如行万里路；行万里路，不如高人指路"。我觉得人生没有捷径，如果有的话，那一定是跟有结果的人学习。

于是我决定要跟随 Angie 老师学习。从个人品牌定位到产品矩阵设计，再到优质资源的链接，Angie 老师都给了我莫大的帮助，让我在只有数百个微信好友的时候，就实现了月入六位数的目标。非常幸运能够在这个打造个人品牌最好的时代，遇到一位像 Angie 老师这样优秀的导师。

将要博士
美国密歇根大学博士、价值变现私董

认识 Angie 老师一年了。记得去年冬天，我一直想实现价值变现，但不知道如何开始，非常庆幸在那个时候遇见了 Angie 老师，并选择跟随老师学习。

在 Angie 老师的帮助下，我的主业发展也很好，还经历了一次升职加薪。我也能兼顾家庭，每天都有陪伴两个孩子的时间。

加入老师的"价值变现研习社"后，我就知道，只要掌握方法，开启副业并不难。

品乔
高级工程师、价值变现私董

后 记
为了爱，成为个人新商业发光体！

有没有发现，我的书有一个特点，那就是简单易懂。

最让我开心的读者反馈是：看我的书像坐滑梯一样，只要有个开端，就完全停不下来。

我常觉得自己文笔不好，因为我既非中文专业出身，也完全没有系统学过如何写作，谈不上有任何文采。但是，我觉得自己有一颗真诚的心，每一次写书，我只有一个念头——我要掏心窝地把我心中所思所想分享给大家。

也是应了这个初心，我的每一本书都能够收到很多读者的好评。

再一次感恩每一位读者，谢谢你们很耐心地把这本书看完了。

我再多说两句。我希望每一位看完这本书的人，都能够成为跟我一样的新商业个体，在互联网新时代的浪潮之中，拥有自己的一席之地。

这本书中的方法，你只要拿出一部分去好好践行，一定会有结果。

不知不觉，我已经大学毕业 14 年了，打造个人品牌有 6 年的时间，正式成立公司也有 2 年多的时间。我一直都在升级自己的人生系统，这期间也碰到了不少困难。我常说，一切困难都是包装丑陋的礼物。如果我们带着信念去拆掉丑陋的包装，一定会得到一份让我们的人生更加绚丽的礼物。

所以，我把自己升级人生系统的方法分享给大家，希望每一位看这本书的人，都可以跟我一样，意识到创业是一场修行，带着爱去传播创业方法，去成为新商业发光体。

无论你是个人创业者还是企业的创始人，希望这本个人新商业思维的书，可以帮你打开思路，让你的产品成功帮助到这个世界上更多的人。

谢谢你，我爱你！

图书在版编目（CIP）数据

个人新商业 / 张丹茹著 .-- 北京 : 中国友谊出版
公司 , 2022.6
ISBN 978-7-5057-5484-3

Ⅰ.①个… Ⅱ.①张… Ⅲ.①商业模式 – 研究 Ⅳ.
①F71

中国版本图书馆CIP数据核字（2022）第104249号

书名	个人新商业
作者	张丹茹
出版	中国友谊出版公司
发行	中国友谊出版公司
经销	北京时代华语国际传媒股份有限公司　010-83670231
印刷	唐山富达印务有限公司
规格	880×1230毫米　32开
	8.25 印张　150 千字
版次	2022 年 6 月第 1 版
印次	2022 年 6 月第 1 次印刷
书号	ISBN 978-7-5057-5484-3
定价	55.00 元
地址	北京市朝阳区西坝河南里 17 号楼
邮编	100028
电话	（010）64678009